JN227371

朝をかえよう、朝ごはんでかわろう

365日のめざましスープ

有賀 薫

365日、朝は必ずやってきます。
少しでも楽しく、できるだけおいしく。

Fri

Sat

Sun

月曜日から、日曜日まで。なぜでしょう、スープなら作り続けられます。

Mon　Tue　Wed　Thu

朝寝坊の家族を起こそうとしたのが、きっかけ。
毎日の、めざましスープのはじまりです。

いつもよりほんのちょっとだけ早起きしませんか？
温かい湯気と、目のさめるような色。
カラフルなスープが、パンのある食卓に加わるだけで
一日がなめらかに動き出します。

はじめに

スープで朝ごはん。
じんわり、ゆっくり
体と心がめざめます。

短い時間×少ない素材×なるべく簡単。
それでもおいしい、不思議なスープ。

私たちは、料理のプロじゃありません。時間も素材も、
そして技術だって限られています。
でも、たとえばいつもとちょっと切り方をかえるだけ。
それだけで、全然違う味に出合えます。

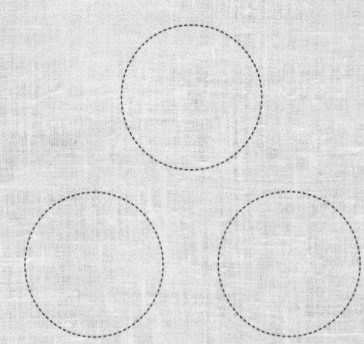

私の毎日には

まだまだいろんなやり方があるはず

同じにんじんが、3通りのスープになるのはなぜ？

平日にパパッとすぐ作れるスープ、
休日にゆっくりとくつろぐスープ。
ライフスタイルによって選べます。
大切なのは自分や家族にぴったり
合う暮らしです。朝ごはんも、そして
朝のスープも、その中にあります。

忙しい平日は
賢くスピーディに

さまざまな発想で
時間のない朝でもラクラク

Weekday

平日と休日、
どっちも大切に。

Weekend

よく晴れた休みの日は
のんびりたっぷりと

朝ごはんを豊かにする
楽しいアイデアがいっぱい

あらためまして、おはようございます。めざめる朝について

朝、なかなか起きてこない家族、中でも寝坊が多い息子のために作りはじめたスープが３６５日毎朝続いて、４年とちょっと。これまでにわが家の食卓に登場したスープは、およそ１５００にもおよぶ数になりました。

「どうしてそんなに次々とスープを思い付くの？」と驚かれます。この本にはそんな問いに答えるような、アイデアのかけらをたくさんちりばめてあります。おもしろいと思ったものから、ぜひ試してみてくださいね。さらに、ふたつ、みっつと組み合わせていただければ、数え切れないほどのスープが出来上がるはずです。

「毎日続けるのって、たいへんじゃない？」とも聞かれます。起きてみたら冷蔵庫に

何もなかった！　とか、買い物に失敗して、朝も昼も夜もキャベツばかり食べたとか、鍋を焦がしちゃった、とか……。でも毎回、それなりになんとかなっています。

「どうしてこんなにカラフルなの？」。そんなこともたずねられます。旬の野菜を使っているからでしょうか。季節のものは、やたらと自身の色を主張したがります。そこを尊重してあげれば、自然にカラフルになるのです。

毎朝を切り取ったような、小さな風景が心に焼き付いています。葉付き新にんじんの、みずみずしい緑とオレンジ色、家族が集まって食べたポタージュの大きな鍋、田舎でもらった泥付きたけのこ、ハーブにとまったてんとう虫。夫はコンソメが好きで、息子はクリームスープが好き。スープ皿の縁にうつった、朝焼けの光。そうそう、スープ作りをはじめて２週間で、息子もなんとか起きてくるようになりました。

朝のスープを通して、思いがけない味との出合いや、季節の色や形、心模様。そうした楽しさをあなたと共有できたらいいな、と思っています。

有賀　薫

第1章 じんわりちょっとずつ幸せな朝になる

第2章 思い込みを捨てて自由な朝になる

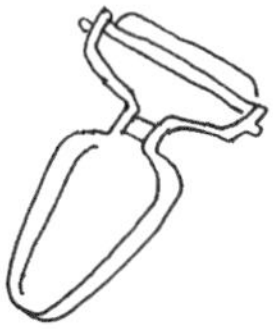

この本の決まりごと

●大さじ1は15㎖、小さじ1は5㎖、1カップは200㎖です。
●細かい種類を指定していない材料は、以下を使っています。

塩……粗塩
胡椒……黒または白、好みのほう。仕上げには黒胡椒が、白い料理には白胡椒がおすすめ。
醤油……濃口醤油
ブイヨン……鶏ブイヨン（P.132）
だし……昆布かつおだし（P.133）
レモン……ワックスなどを使っておらず、皮まで食べられるもの。

●鍋は、煮る、蒸す、炒める、焼くといった調理に対応しているもの（P.131）を使っています。
●電子レンジは600Wのものを使っています。
●具材や液を撹拌してなめらかにするために、ハンドブレンダーを使っていますが、ミキサーなどの器具でも代用できます。その場合、材料が熱ければ冷ましてから器具に移して撹拌し、鍋に戻すのが一般的です。
●野菜を洗う、種や皮を取り除く、たまごを割るといった細かい下処理は、記述を省略している場合があります。

じんわりちょっとずつ幸せな朝になる

第 1 章

野菜のおいしさにめざめる朝の即興、シンプルスープ

まず作りたいのは、季節の野菜を体の中にそのまま取り入れるような、食べるスープ。野菜のうまみを主役にした、シンプルな朝のスープをめざします。

とにかく簡単にはじめましょう。ここにあるふたつの写真のスープ、違うようで実は同じ作り方。朝起きてから冷蔵庫にある野菜と小さな鍋を使って、ささっと15分前後で仕上げられます。調味料も、まずは極力少なく減らしておいて、必要に応じて加えていけば大丈夫。

ふたつのスープ、作り方は同じです

トマトのスープ

たまねぎのうまみをベースに、トマトと塩だけのおいしさを際立たせた基本のスープ。右記のようにトマトを他の野菜にかえたり、たまねぎの量を減らしてにんにくを加えても。

キャベツのスープ

左記のトマトをキャベツの葉3枚にかえてざく切りにし、同様に作れば「キャベツのスープ」。ただしキャベツを鍋に入れるとき、水大さじ2を一緒に加えます。仕上げに酢をたらすとアクセントに。

作り方

1 ミニトマトはヘタを取り除いて半分に切り、たまねぎは薄切りにする。

材料（2人分）

ミニトマト 10個（150g）
たまねぎ ¼個
オリーブオイル 大さじ1
塩 適量

2 たまねぎ、オリーブオイルを鍋に入れ、強火にかけて1分加熱する。トマト、塩小さじ½を加えてふたをし、弱めの中火で3分加熱する。

3 水300mℓを加え、煮立ったら塩で味を調える。

トマト、きのこ、ねぎ……
うまみ野菜がスープを支える

だしは使わず、十分なうまみを出すための簡単な方法があります。それが、トマト、きのこ、ねぎ(たまねぎ、長ねぎ)、3種類の野菜のどれかを使うこと。

このみっつの野菜には強力なうまみがあって、だしを使わないときの、スープの支えになってくれます。ブロッコリーやじゃがいもを塩煮にしただけではもの足りないけれど、トマトやきのこ、ねぎをプラスすると、突然スープらしくなるので、ありがたい存在です。

毎日スープを作っているう

ブロッコリーとトマトのスープ

材料(2人分)

ブロッコリー ½株(約200g)
トマト 2個(約250g)
ベーコン 20g
オリーブオイル 大さじ2
塩 適量

作り方

1 ブロッコリーは小房に分けて半分に切り、茎も同じぐらいの大きさに切る。トマトはざく切りにし、ベーコンも細切りにする。
2 トマト、ベーコン、塩小さじ½、オリーブオイルを鍋に入れて中火にかけ、2〜3分炒める。トマトがくたくたになったら、ブロッコリーも加えてひと混ぜし、水200㎖を加えてふたをし、20〜30分煮込む。途中ふたを開け、水が少なくなっていたら補う。
3 ブロッコリーが完全に煮崩れたら水50㎖を加え、さらに水を少しずつ加えて好みの濃度にする。塩で味を調える。

ちに、野菜を炒めたり蒸し煮にしたりしてから、水を加えて煮はじめると、野菜独特の匂いや辛み、酸味がやわらぐことにも気がつきました。

　だしも肉も魚も乳製品も、禁止というわけじゃありません。野菜のうまみが十分引き出されていて、ごくシンプルな味付けなら、ここに紹介するふたつのスープのように、ほんの少し使うベーコンやミルクがとても効きます。すっきり片づいた部屋では一輪の花でもくっきり見えるのと似ています。

メインの野菜＋うまみ野菜で

じゃがいもと きのこのスープ

材料（2人分）

きのこ（好みのものを合わせて）150g
じゃがいも 大1個
牛乳 50mℓ
バター 15g
塩、胡椒 各適量

作り方

1 きのこは石づきを取り除き、食べやすい大きさに手でさくか、切る。じゃがいもは半分に切ってから、7mm厚さに切る。
2 バター、きのこ、じゃがいも、塩小さじ½を鍋に入れて強火にかけ、水大さじ2を加えて1分ほど加熱する。全体を混ぜ、ふたをして弱めの中火で8分ほど、蒸し煮にする。
3 じゃがいもが柔らかくなったら水250mℓと牛乳を加え、煮立ったら塩で味を調える。胡椒をしっかりふる。

シンプルスープのバリエーション

3種類以上は具だくさん認定！　油の種類や調味料をかえたり、乾物を足したりすれば組み合わせ無限。

にんじんとかぼちゃとたまねぎ

最初にたまねぎと少量の水を鍋で加熱。水分を飛ばすことで匂いを消してから、にんじん、かぼちゃを加えるのがコツ。

ノンオイルで

夏野菜たっぷり

カラーピーマンやズッキーニなど、夏野菜をにぎやかに使いました。野菜の数は増えても基本の作り方はかわりません。

ごま油に長ねぎ、里いも

長ねぎを焦がし気味にごま油で炒めて、風味を出したスープ。味付けに醤油を少し使って、うまみをプラスします。

油をかえて

春の青い豆、取り合わせて

いんげん、グリーンピース、スナップえんどう、そら豆……。そんな春の香りがいっぱい、青い豆のスープは、菜種油であっさりと。

肉や魚をちょっぴり

ピーマンとひき肉

ピーマンのみじん切りをサラサラ食べるスープ。少しのひき肉でピーマンがより引き立ちます。片栗粉でとろみを付けて、食べやすく。

根菜と煮干し

薄切りにした里いもやれんこんに、煮干しを加えます。煮干しは取り除かず、具として一緒に。ゆず皮がさわやかです。

乾物で

干ししいたけ、きくらげとだいこん

干ししいたけやきくらげのうまみをいかした精進スープ。干ししいたけから、だしがたっぷり出ます。ごま油を使用。

レンズ豆とごぼう

水に浸しておかなくても使えるレンズ豆は、朝のスープにぴったり。相性のよいごぼうを合わせて、豆ライフをはじめましょう。

上記スープの詳しい作り方は、P.134〜135へ

フライパンで作る
ミネストローネ"ひとりぶん"

残り野菜が一掃できて、一度にたっぷり野菜がとれると人気のミネストローネ。大鍋でどーんと作る人が多いようですが、食べ切れずに残ってしまうのも気になりますよね。

フライパンミネストローネ

材料（1〜2人分）

- A
  - たまねぎ ¼個
  - にんにく 1片
  - にんじん 5cm
  - セロリ 4cm
  - マッシュルーム 1個
  - かぶ 1個
  - トマト 1個
- アスパラガス 3本
- オリーブオイル 大さじ2
- 塩、胡椒 各適量

作り方

1 Aは大きいものを半分に切り、すべて薄切りにする。アスパラガスは穂先と茎に切り分け、茎を斜め薄切りにする。

2 フライパンにたまねぎ、にんにく、にんじん、セロリ、オリーブオイルを入れて火にかけ、しんなりするまで炒める。続いてマッシュルーム、かぶ、水大さじ1を加えてふたをして蒸し煮にする。さらにトマト、アスパラガスを加えてふたをし、蒸し煮にする。

3 すべての具材が柔らかくなったらひたひたの水を加え、塩小さじ⅓を加える。煮立ったら塩で味を調える。火を止め、胡椒をふる。

ふと食べたいと思った朝、ひとりでもぺろりといける量のミネストローネを作りませんか？

使うのは目玉焼きやオムレツを作る20㎝のフライパン。これで十分においしいミネストローネができます。野菜は好みのものでできますが、フライパンが小さいので、キャベツなどかさばる葉物は入れすぎに注意してくださいね。

なにしろ〝ひとりぶん〟だから気楽だし、食事を終えてフライパンを洗ってしまえば、あとはすっきり。作ったものをきれいに食べ切る気持ちよさ、これが一番の魅力かもしれません。

ごま、胡椒、ミルク！味噌汁の冒険

わが家の味噌汁。ほっとする味だけれど、毎日かわりばえがしないなあと感じることがあります。

今朝はいつも作る味噌汁で、小さな冒険を。だしや味噌はふだんと同じで、すりごまを加えた味噌汁には深いコクが、胡椒をふった味噌汁には力強さが加わります。牛乳を入れたらまろやかになって、ごはんだけでなく、パンの朝食にも合いそうな味噌汁になりました。ささやかなひと手間で大きな変化が起こせる、ということだけでも発見です。

ごまで

れんこんのごま味噌汁

材料（2人分）

れんこん 1節（約150g）
白すりごま 大さじ2
味噌 大さじ1½
だし 350mℓ
長ねぎ 適宜

作り方

1 れんこんは薄い輪切りにし、水にさらし、ざるに上げる。
2 だしを鍋に入れて中火にかけ、煮立ったら、れんこんを加え、2〜3分煮る。
3 味噌を溶き入れて火を止め、白すりごまを加える。好みで、長ねぎを小口切りにしてのせる。

ごぼうと牛肉の味噌汁

胡椒で

材料（2人分）

ごぼう ½本
牛切り落とし肉 50g
味噌 大さじ1½
サラダ油 小さじ2
だし 350㎖
胡椒 適量

作り方

1. ごぼうはささがきにして水にさらし、ざるに上げる。
2. 鍋にサラダ油を熱し、牛切り落とし肉を入れて軽く炒め、ごぼうも加えてさらに炒める。
3. だしを加え、3〜4分煮て味噌を溶き入れる。器に盛り、胡椒をふる。

ミルクで

かぶのミルク入り味噌汁

材料（2人分）

かぶ 3個
白味噌 大さじ2
牛乳 大さじ2
昆布 5㎝角

作り方

1. かぶは茎を少し残して葉を切り落とし、皮付きのまま6〜8等分に切る。
2. 昆布、かぶ、水400㎖を鍋に入れ、中火にかける。泡が立ったら昆布を取り出し、弱めの中火にして7〜8分煮る。
3. かぶが柔らかくなったら白味噌を溶き入れ、牛乳も加えて温める。

くたくたほうれんそうの思わぬ魅力

鍋のふたを開けたとき、立ちのぼる湯気の、なんともいえぬよい香り。中をのぞいてみると、すっかり色のくすんでしまった、くたくたのほうれんそうが横たわっています。

決して美しいとは言えないこのスープ。こわごわ食べてみると、驚くことに芯から甘く、崩れかけたじゃがいもやたまねぎが絡みついて、とろりと心地よい味わい。一度知るとやみつきになる味です。

ほうれんそうとじゃがいものスープ

材料（2人分）

ほうれんそう 150g
じゃがいも 1個
たまねぎ ½個
にんにく 1片
オリーブオイル 50mℓ
塩、胡椒 各適量

作り方

1 ほうれんそうは根のほうを水にさらしてよく洗い、縦半分に切る（1株をそれぞれふたつに分ける）。じゃがいもは半分に切ってから1cm厚さに切る。たまねぎは薄切りにし、にんにくはつぶす。
2 1のすべて、水300mℓ、塩小さじ1を鍋に入れ、オリーブオイルをかけまわしてふたをし、中火にかける。3分たったらふたを開けて全体を大きく混ぜ、再度ふたをして弱火にし、20分煮る。途中ふたを開け、水が少なくなっていたら補う。
3 塩で味を調え、胡椒をふる。

舌の上をサラサラくすぐる みじん切りスープ

息子が小さいとき、なすが苦手だったので、なぜかと聞いてみたら、ぐにゃぐにゃしているからだと言います。あっ、親子だなと思いました。実は、私自身も同じ理由で子供の頃になすが食べられなかったのです。なので、細かく切ったなすをミートソースに混ぜたりしていたのですが……。朝のスープを作るようになってそのことをふと思い出し、このみじん切りスープが生まれました。

なすのみじん切り スープ

材料（2人分）

なす 2本
たまねぎ ¼個
にんにく 1片
ブイヨン（P.132） 250㎖
牛乳 50㎖
オリーブオイル 大さじ2
塩、乾燥バジル 各適量

作り方

1 たまねぎとなすは、みじん切りにする（なすは皮をむいてから切る）。にんにくはつぶす。
2 鍋にオリーブオイルを熱し、たまねぎ、にんにくを炒める。香りが立ったら、なす、塩小さじ½を加え、なすがしんなりするまでさらに炒める。ブイヨンを加えてふたをし、3分ほど煮込む。
3 牛乳を加えて温め、塩で味を調えて乾燥バジルをふる。

細かく刻んだなすを、さらっとしたクリームスープに入れただけ。でも、スープをたっぷり含んだ小さななすが、サラサラと舌の上をすべるように心地よく通り抜けて、ふだんとは違うなすの存在感が新鮮です。

一方、本来は具材をすりつぶすところを、わが家では細かく切るだけで作るようになったスープもあります。それがガスパチョ。もとはポタージュのようなスペイン料理です。きゅうりやセロリ、ピーマンをみじん切りにすると食感が楽しく、サラダを食べているような涼やかな舌ざわりになります。暑い夏におすすめの食べ方です。

刻みガスパチョ

材料（2人分）

A
- トマト 1個
- きゅうり 1本
- セロリ 5cm
- ピーマン 1個

たまねぎ ¼個
トマトジュース 200㎖
オリーブオイル 大さじ1
塩 適量

作り方

1 Aはすべてみじん切りにしてボウルに入れ、塩ひとつまみを加えてひと混ぜする。
2 たまねぎもみじん切りにして塩少々をふり、水分が出てきたらふきんで包み、流水にさらして絞る（匂いと辛みを抜く）。
3 1のボウルに2のたまねぎを加え、トマトジュースを注ぐ。味が足りなければ塩を少量加え、冷蔵庫で冷やす。器に盛り、オリーブオイルをふる。

噛んでめざめる
お豆のスープ

グリーンピースの
翡翠《ひすい》煮スープ

材料（2人分）

さやつきグリーンピース 500g（正味200g）
だし 400㎖
片栗粉 小さじ1
塩 小さじ½

作り方

1 グリーンピースはさやから取り出す。
2 だし、塩を鍋に入れ、1の豆を加えて中火にかけ、煮立ったら弱めの中火にして煮る。片栗粉は水小さじ1で溶く。
3 鍋の豆が煮えたら（1粒取り出して割ってみるか食べてみるとよい）、水溶き片栗粉を加えながら混ぜる。

「枝豆って、硬めにゆでるのが好き？　それとも柔らかめ？」。そう聞かれて、そうか、お店でときどき柔らかすぎる枝豆が出てくるのは、うっかりゆですぎたわけじゃないんだ、と気がつきました。

豆の歯ごたえが何より好き

な私は、豆をメインにしたスープを作るとき、気持ち硬めに仕上げます。歯ごたえのある豆をばりばり噛みしめていると、頭の中が空っぽになっていって、食べ終わった頃には心がすっきりとしていることが多いのですが……。その楽しさはあまり人に共感してもらえなさそうなので、ただ硬めの豆が好き、とだけふだんは言っています。でも、旬の豆をさっと煮たスープがこの上ない朝のご馳走だということは、誰もがそうだと感じてくれるのではないでしょうか。

だんご汁は ソウルフード

子供の頃によく食べていて、ときどきふと懐かしくなる……。そんなソウルフードはありますか？

私の場合は大分出身の母が作ってくれた、だんご汁。柔らかめのうどんのような生地を指でのばしながら、具だくさんの汁にポトポト落として煮込んだ、素朴な郷土料理です。母が粉を練っていると嬉しくて、だんごを作らせてほしくて、キッチンをうろうろしたものです。味噌味と醤油味がありました。

今も、たまに作ります。東京生まれの私が大分の郷土料理を作っているのもなんだか不思議ですが、ソウルフードは地域より家庭の台所に根差して、つながっていくものなのでしょう。ごろごろ入った根菜は、自分と世界をつないでいる根っこのようでもあります。

早起きした休日に、のんびり作りたい料理です。

だんご汁

材料（作りやすい量）

だんご

薄力粉 1カップ（150g）
塩 ひとつまみ

汁

鶏もも肉 200g
根菜（ごぼう、にんじん、だいこん、れんこんなど合わせて） 500g
きのこ（好みのものを合わせて） 50g
長ねぎ ½本
白菜の葉 2枚
サラダ油 小さじ2
味噌 80g
七味唐辛子 適宜

作り方

1 だんごを作る。薄力粉と塩を合わせ、水80㎖を少しずつ加えながら、耳たぶぐらいの硬さになるまでよくこね（柔らかくならない場合はさらに水を足す）、表面がなめらかになったら親指大にちぎって丸め、トレーなどに置いてぬれぶきんをかぶせる。20〜30分寝かせる。

2 汁を作る。鶏もも肉、根菜、きのこ、長ねぎ、白菜の葉は食べやすい大きさに切る。

3 鍋にサラダ油を熱し、鶏肉、根菜、きのこを順に加えながら炒める。全体がしんなりしたら水1200㎖を加え、アクを取り除きながら20分ほど煮る。

4 1のだんごを指で長くのばしながら加え、長ねぎ、白菜も加えて7〜8分煮て、だんごが浮かんできたら味噌を溶き入れる。好みで七味唐辛子をふる。

堂々食べたいスープごはん

手近なもので簡単に作る冷や汁、ごはんにトマトスープをかけて目玉焼きをのせたもの。どちらも夏の朝にサラサラ食べる料理です。要するにぶっかけめし、と呼ばれるものですが、どこか隠れて食べなければならないイメージをかえたくて、「スープごはん」と名付けました。

ごはんが見えないほどたっぷり汁をかけても、白いごはんを少しずつ汁に沈めても。ごはんとスープの微妙なバランスを自分で決められるのが嬉しいのです。

なすと
みょうがの味噌汁

材料(2人分)

なす 1本
みょうが 1個
味噌 大さじ1½
かつお削りぶし 5g
白すりごま 小さじ2
ごはん、青じそ 各適量

作り方

1 なす、みょうがは薄切りにする。なすは塩水(分量外、水1000mℓに塩小さじ1が目安)にさらし、しんなりしたらざるに上げ、キッチンペーパーで水気をしっかり取る。

2 かつお削りぶし、白すりごまを味噌に加えて練り、水400mℓを加えて混ぜる。味が足りなければ味噌(分量外)を少量加える。なすとみょうがを加えて冷蔵庫で冷やす。

3 ごはんを器に盛って2をかけ、青じそを手でちぎってちらす。

真っ赤なトマトと
半熟目玉焼きのスープごはん

材料(2人分)

トマト(サンマルツァーノ、
なければミニトマト) 300g
たまご 2個
オリーブオイル 大さじ1
塩、胡椒、ごはん 各適量

作り方

1 トマトはヘタを取り除き、4等分に切っておく。オリーブオイル、トマト、塩小さじ1を鍋に入れて火にかける。ふつふつとしてきたら、ゆるいスープ状になるまで少しずつ水を加える。トマトが完全に煮崩れたら、塩で味を調え、胡椒をふる。

2 フライパンに油(分量外)を熱し、たまごを1個ずつ割り入れて半熟に焼く。

3 ごはんを器に盛り、1をかけて2をのせる。胡椒をふる。

とじても落としても安心。朝の定番、たまごスープ

姿形をかえながら、圧倒的な存在感を発揮するたまご。スープでも大活躍です。

まずはかきたまスープ。中でも作りたては、湯気とともにだしの香りが鼻をくすぐり、淡いたまご色がかわいらしく、思わず笑顔に。人を幸福な気持ちにさせてくれます。

下記のように片栗粉と玉杓子を使いながら作れば、きっと上手にできるはず。

定番、プレーンかきたま

基本のかきたま汁

材料(2人分)

たまご 1個
だし 400mℓ
片栗粉 小さじ1
塩 小さじ½

作り方

1 だし、塩を鍋に入れて火にかける。たまごはボウルに割り入れ、箸で溶く。片栗粉は水小さじ1で溶く。

2 鍋の中を玉杓子で混ぜながら、水溶き片栗粉を加える。そのまま混ぜ続け、溶きたまごをゆっくり細く落としていく。ひと呼吸おいて火を止める。

かきたまバリエーション！

A だしを入れた鍋でわかめを軽く煮て、最後に青ねぎをちらしてから、ごま油をたらして香り付け。「わかめとたまごのスープ」。 **B** だしを入れた鍋でトマトを煮て、たまごで酸味をやわらげた「トマトとたまごのスープ」。 **C** にんにくと長ねぎのみじん切りを炒めて鶏ガラスープを注ぎ、青梗菜、しめじを加えた「青梗菜としめじのたまごスープ」。 **D** 和だしで洋のハムを煮ることで、一緒に鍋に入れたじゃがいもにも味がしみ込み、たまごがさらに全体をまとめる「じゃがいもとハムのたまごスープ」。 **E** レタスをあと入れでシャキシャキに仕上げる「レタスのたまごスープ」。

次は、ハンバーグに牛丼にマフィンにサラダ、すべての食べ物にのせて喜びが増すポーチドエッグ。野菜スープやグラタンスープに落として贅沢な気分に浸ったり、あるいは具だくさんのキムチスープに入れて辛みをやわらげたりと、スープにもさまざまなおいしさをもたらします。

　また、食べるときには、どのタイミングで黄身を破るかという大きな楽しみが。大切に取っておくつもりだったのにスプーンや箸がうっかりふれて、とろんと黄身が流れ出し、その瞬間、後悔と快感が

ポーチドエッグで

スプーンがふれると
たまごが、とろん

落としたまご入り
キムチスープ

材料（2人分）

だいこん 4cm
にんじん 4cm
豆もやし ½袋
にら ⅓束
キムチ 80g
たまご 2個
鶏ガラスープの素 小さじ1
唐辛子粉（甘口） 小さじ1
ごま油 大さじ1
塩、酢 各適量

作り方

1 だいこん、にんじんは4cm長さの細切りにし、にらも4cm長さに切り揃える。
2 鍋にごま油を熱してだいこん、にんじんを炒め、水400mℓ、鶏ガラスープの素を加える。煮立ったら豆もやし、にら、キムチ、唐辛子粉を順に加え、塩で味を調える。
3 たまごは小鉢などに1個ずつ割り入れておく。別の小鍋に湯を沸かして酢を少量入れ、箸で混ぜて渦を作り、その中にたまごを滑り込ませる。広がった白身を箸でまとめながら2分ほど煮て、そっと取り出す。
4 2を器に盛り、3をのせる。

同時に訪れる……。こんな場面も、落としたまごの大きな魅力です。

作り方はいろいろ試しましたが、鍋に沸かした酢水に渦を作ってその流れの中に落とすという方法なら、失敗が少ないようです。ただ、取り出すときには細心の注意を払って。金網が付いたアクすくい、あれを使っています。

もっと簡単に作りたければ、スープの仕上げにたまごを直接割り入れても。これはこれで、たまごの白身が自然に具をとじて、たまらないおいしさです。

ふだん、温めること以外で電子レンジをほとんど使わない（というより、うまく使いこなせない）のですが、ちょっと凝ったたまご料理をレンジで試してみたら、なんと簡単。

まずは、たまご多めのクレープを刻んで入れたスープです。これはもともとドイツやオーストリアのスープで、ブイヨンを加減よく吸ったクレープがおいしく、ボリュームもあるから朝ごはんに向いています。私は、ブイヨンを温めている間に、クレープをレンジで作ります。お皿にラップをピンと張り、生地を

クレープや蒸したまごを電子レンジで手軽に

たまごクレープで

クレープのスープ

材料（2人分）

たまご 1個
ブイヨン（P.132） 300mℓ
薄力粉 大さじ3
塩 計ふたつまみ
胡椒、パセリ 各適宜

作り方

1 鍋にブイヨンを入れて火にかけ、塩ひとつまみを加えて温める。
2 たまごを溶き、塩ひとつまみを加えて混ぜる。水60mℓを加え、薄力粉を加えながらよく混ぜる。この半量を、ラップをピンと張った平皿に丸く均一にのばし、電子レンジで1分20〜30秒加熱する。もう1枚同様に作り、いずれも冷めたら細切りにする。
3 1を器に注ぎ、2を盛る。好みで、胡椒をふり、パセリをみじん切りにしてちらす。

スプーンで薄くのばし、電子レンジにかけて1分半弱。仕上がりもきれいで、火を使うより効率的です。

もうひとつは蒸したまごのスープ。プレーンな茶碗蒸しをゆるくしたようなメニューです。茶碗蒸しほど繊細に美しく固めるものではなく、途中でかき混ぜながらむらなく加熱します。これでふるふる、なめらかな舌ざわりのご馳走スープが、あっという間に完成です。

忙しい朝もこんなたまごスープで、癒しのひとときになります。

蒸したまごで

材料(2人分)

たまご 2個
ブイヨン(P.132) 300mℓ
塩 ひとつまみ
青ねぎ 適宜

作り方

1 たまごは溶き、ブイヨンに加えて混ぜる。塩も加えて混ぜ、耐熱の器に分け入れる。
2 1の器にラップをふんわりとかけ、電子レンジで5〜6分加熱する(途中で様子を見ながら混ぜる)。好みで、青ねぎを刻んでちらす。

蒸したまごのスープ

「だし」だけをじっくり味わって

茶ぶし。それは、かつおぶしと味噌を湯のみに入れて、お湯や緑茶を差しただけのもの。薩摩地方の郷土食で、かつおぶしの産地である枕崎のかつおぶし屋さんに教わった飲み方です。だしの味をもっとシンプルに味わいたくて、私は味噌を塩にかえています。

うまみが濃厚で、それでいてゆったり落ち着く味わい。現地ではスタミナドリンクのように疲れたときに飲まれるものらしいのですが、朝飲むと、体だけではなく、心にまでスタミナがつきそうです。お湯の場合は、

味が想像できると思いますが、緑茶を注ぐというのもおもしろくて、おすすめ。柔らかく丸みのあるかつおのうまみに、緑茶のさわやかさが加わって、これまたおいしいものです。

茶ぶしの塩バージョン

材料（作りやすい量）

かつお削りぶし 5g
熱湯（または熱い緑茶）150mℓ
塩 ひとつまみ

作り方

1 かつお削りぶし、塩を器に入れ、熱湯を注ぐ。

どうしておいしいのかな、ごろごろ野菜のスープ

丸のままのじゃがいもがスープに入っていたら、「ごろん」という感じですよね。「ごろごろ」といったら、それよりは小さくて、じゃがいも1個の¼か、⅙か、⅛か……。あれ、ずいぶんいい加減かも。でもその〝テキトー〟な感じが、ごろごろ野菜の親しみやすさです。じゃがいも以外にも、やっぱり重たいかぼちゃ、だいこん、れんこんなど。味付けはあまり凝らず、水から煮て塩で味付けしたり、肉の力を借りて簡単に作るスープが似合う気がしています。

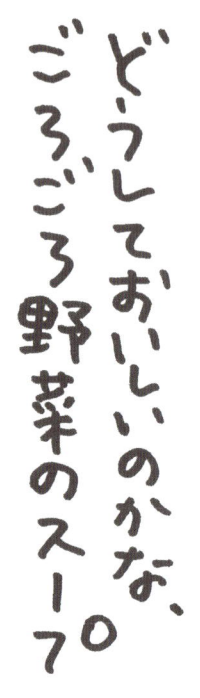

じゃがいもとキャベツ、焼きソーセージのスープ

材料（2〜3人分）

じゃがいも 2個
キャベツの葉 2枚
たまねぎ ¼個
ソーセージ 4本
サラダ油 小さじ1
ブイヨン（P.132） 500㎖
塩 適量
マスタード 適宜

作り方

1 じゃがいもは4等分に切る。キャベツの葉、たまねぎはざく切りにする。
2 鍋にサラダ油を熱し、ソーセージを転がしながらしっかり炒める。たまねぎも加えて炒める。
3 じゃがいも、キャベツ、塩小さじ½を加え、ブイヨンを注いで中火にかけ、20分ほど煮る。塩で味を調え、好みでマスタードを添える。

スペアリブとごろごろ だいこんの煮込みスープ

材料(作りやすい量)

豚スペアリブ 300g
だいこん 10cm
塩、胡椒 各適量
長ねぎの青い部分、
青ねぎ 各適宜

作り方

1 だいこんは皮をむき、半分の長さに切ってから4等分に切る。豚スペアリブは塩小さじ1をすり込んでしばらく置き、熱湯をかけておく。
2 だいこんとスペアリブを鍋に並べ、ひたひたの水、塩ひとつまみを加え、中火にかける。長ねぎの青い部分があれば加える。
3 煮立ったらアクを取り除き、弱火にして1～2時間煮る。塩で味を調え、胡椒をふる。器に盛り、好みで、青ねぎを食べやすい長さに切って飾る。

寒い朝の大きな幸福。オニオングラタンスープ

朝のオニオングラタンスープは、幸せなめざまし。それはまず、耳からはじまります。オーブンの外に出したばかりの器からぐつぐつ、じゅくじゅく音が聞こえて、まどろんでいる体と食欲を心地よく刺激するのですが、まだまだこれはイントロの段階。

次に起こされるのは、鼻、そして目。熱く焼かれたスープに顔を近づけると、かすかに漂ってくるのはにんにくの香りです。香ばし

オニオングラタンスープ

材料（4人分）

たまねぎ 3個
にんにく 1片
オリーブオイル 大さじ3
塩、胡椒、バゲット、
チーズ（溶けるタイプ）
各適量

作り方

1 たまねぎは薄切りにして鍋に入れ、オリーブオイルを回しかけて強火にかける。

2 焦げ付きはじめたら弱火にしてさらに加熱し、水分が出てきたらまた強火にする。

3 2を繰り返しながら、飴色になるまで20～30分、じっくり炒める。塩小さじ1を加え、水600㎖を少しずつ加え、味を見て好みでさらに水を少量加える。塩で味を調え、胡椒をふる。耐熱の器に分け入れる。

4 バゲットを薄切りにし、半分に切ったにんにくの切り口をこすりつけて、3にのせる。チーズものせて200度のオーブンで10～15分、焦げ目が付くまで焼く。

く色付いたバゲットの縁からとろけたチーズがこぼれ落ち、飴色のたまねぎに絡みついている様子は眺めるだけで楽しい光景です。

さらに、スープをよく吸ったバゲットにスプーンを入れると、甘いたまねぎの匂いの湯気が顔に当たります。「舌をやけどしないでね」。釘をさされて、ふうふう吹いて冷ましたつもりがやっぱり熱くて、そこで完全に目がさめることになります。

味覚はおまけみたいなもの。でも、甘いたまねぎとチーズとパンのバランスがスプーンですくうたびにかわって、最後のひとさじまで食べ飽きません。

ふきげんをごきげんに！朝のめざまし、和の甘味

気分がのらない朝には甘い朝食をおすすめします。ただ、甘いものでふきげんをなだめるだけではなく、ここは少し工夫して体によいものを。

寒い冬にいただくイメージがある甘酒は、もとは夏に滋養ドリンクとして、冷やして飲まれていました。酒粕の甘酒と麹の甘酒とがあって、麹のものならノンアルコールなので、お酒に弱い人や子供でも安心して飲めます。みかんやゆ

みかん甘酒

材料（1人分）

麹の甘酒 100g
みかん 1個

作り方

1 みかんは皮をむき、薄皮に沿って包丁を入れ、果実を取り出す。
2 麹の甘酒、水200㎖を鍋に入れ、火にかけて温める。みかんの果実も加えて混ぜる。粗熱が取れたら、冷蔵庫で一度冷やす（味をなじませる）。

ずなど柑橘類を加えると酸味が加わって、さわやかな飲み口に。作って冷蔵庫に入れておき、朝に冷たいまま飲んでもいいし、温めて飲めば体がぽかぽかしてきます。

朝にいただくおぜんざいも、あずきの甘いスープだと考えれば、さらに自由に楽しめます。体によい黒ごまをトッピングしたり、干しあんずや干しぶどうといったドライフルーツをあしらったり。お餅がなければ甘くないシリアルを混ぜても、朝食っぽくていいんじゃないかと思います。

こんな甘いスープが、一日を明るくごきげんにはじめる助けになりますように。

材料（2人分）

ゆであずき（缶詰）1缶（200g）
黒すりごま 大さじ2
餅 2個
塩 適量
黒糖 適宜

作り方

1 ゆであずきを鍋に入れ、水200mℓを加えて温め、黒すりごまを加える。塩をほんのわずか、隠し味程度に加える。
2 餅を焼いて器に分け入れ、**1**をかける。好みで黒すりごま（分量外）をかけ、黒糖を細かく砕いてのせる。

ごまぜんざい

火加減とほほえみの相関関係

大笑い、作り笑いや苦笑いではなく、いつも穏やかにほほえんでいる人のまわりには、好ましい感じで人が集まっていますよね。私自身はあまり「ほほえむ」というタイプではないので、そんなほほえみの人をちょっぴりうらやましく思っています。

フランス料理にはミジョテ、といって「静かにほほえむ」という意味の火加減を表す言葉があるそうです。ときどき泡がポコッと立つぐらいのやさしい火。このほほえみの火加減をマスターすると、おいしく温かいスープのような人付き合いが私にもできるかな、なんてことを思いつつ、火にかけた鍋のスープをかき混ぜています。

第 2 章

思い込みを捨てて
自由な朝になる

朝からほっこり、旬をぎっしり。いつでもクリームスープ

やさしくまろやかな味わいが魅力の、クリームスープ。スープカップを大切にかかえ込むようにして食べたい、体内から力があふれてくるスープです。寒い秋冬のイメージがあるものの、季節によって具をかえれば、一年中楽しめます。

　まずは定番の具材で、作り方を覚えましょう。面倒なホワイトソースを使わず、具材を炒めながら薄力粉をふり入れることで、手間なくおいしく仕上げます。

鶏肉とかぶ、ブロッコリーのクリームスープ

お肉、根菜、緑の野菜を1種類ずつ使った、定番のクリームスープ。

薄力粉の量は小さじ1〜大さじ2を目安に、
幅を持たせられます。
さらりとさせたいときは少なめに、
とろっとさせたいときは多めに。

作り方

1 たまねぎは1㎝角に切る。かぶは茎を少し残して葉を切り落とし、皮付きのまま6〜8等分に切る。ブロッコリーは小房に分ける。鶏もも肉は食べやすい大きさに切り、塩小さじ½をもみ込む。

材料（2人分）

鶏もも肉 200g
たまねぎ ½個
かぶ 2個
ブロッコリー ⅛株（約50g）
サラダ油 大さじ1
薄力粉 大さじ1
塩、胡椒 各適量

2 鍋にサラダ油を熱して鶏肉を薄く色付く程度に炒め、たまねぎを加えて透き通るまで炒める。薄力粉をふり入れて弱火にし、粉っぽさがなくなるまで炒める。

3 水400㎖、かぶを加えてときどき混ぜながら7分煮て、ブロッコリーも加えてさらに3分煮る。水を少しずつ加えて好みの濃度にする。塩で味を調え、胡椒をふる。

ここで加える野菜をかえれば、
いろいろなクリームスープに!

定番のクリームスープをマスターしたら、次はその具材にこだわらず、手に入った旬の野菜でアレンジできるようになります。

　野菜は季節のものをなんでも。春にはずっしりしたキャベツやグリーンピース、夏ならフレッシュなトマトやズッキーニ、秋のほっくりした里いもやごぼう、冬は甘みのある白菜やカリフラワー。いろいろ試してみてくださいね。

　また、春や夏は薄力粉の量を少なめにして、さらりとしたミルクスープ風にすると、食べやすくなります。牛乳の

夏はレモン、冬はにんにく
季節の気分で風味をかえて

セロリとレモン、鶏ささみのクリームスープ

材料（2人分）

鶏ささみ 1本
セロリの茎 1本（約150g）
長ねぎ 10㎝
オリーブオイル 大さじ1
薄力粉 小さじ2
牛乳 大さじ2
レモン ½個
塩、胡椒 各適量

作り方

1 セロリ、長ねぎは2㎝強長さの拍子木に、鶏ささみは小さめの一口大に切る。レモンは果汁を搾って小さじ1計量し、皮を細切りにする（約10本あればよい）。
2 鍋にオリーブオイルを熱し、セロリ、長ねぎを炒める。鶏ささみも加えて炒め、薄力粉をふり入れて弱火にし、粉っぽさがなくなるまで炒める。水400㎖、塩小さじ½を加えて、混ぜながら8分煮る。牛乳を加え、塩で味を調えて胡椒をふる。レモン果汁を加え、レモン皮をちらす。

量を控えめにして、レモン果汁を最後に加えるのもさっぱりとしておすすめ。

一方、秋や冬はとろーり濃いめのクリームスープが喜ばれます。にんにくなどで香りにアクセントを付けてあげれば、定番の組み合わせでも新鮮だし、こってり味でも食べ飽きません。じゃがいもとベーコンというごくありふれた組み合わせでも、なんだかいつもと違う、風味豊かな仕上がりに。

きっと、お気に入りのクリームスープが見つかるはずです。

ベーコンとじゃがいものクリームスープ

材料（2人分）

じゃがいも 2個
たまねぎ ½個
にんにく 1片
ベーコン 60g
バター 15g
薄力粉 大さじ2
牛乳 150mℓ
塩、胡椒 各適量

作り方

1 たまねぎは薄切り、じゃがいもは小さめの乱切りにする。にんにくはつぶす。ベーコンは1.5cm角の棒状に切る。
2 鍋にバター、たまねぎ、にんにく、ベーコンを入れて中火にかける。焦げ付かないように炒め、たまねぎがしんなりしたら薄力粉をふり入れて弱火にし、粉っぽさがなくなるまで炒める。
3 水300mℓ、塩小さじ⅓、じゃがいもを加えて煮込む。じゃがいもが柔らかくなったら牛乳を加えて温める。塩で味を調え、胡椒をふる。

とろり、さらり、具は自在。四季のクリームスープ

旬の野菜をやさしく包み込んでたっぷりの満足感。自由な発想で作った、クリームスープ集です。

トマト味にこんがりベーコン

トマトクリームスープに、カリカリのベーコンをトッピング。ベーコンのこってりした脂にトマトの酸味がよく合います。

夏

ズッキーニでボリューム

くせのないズッキーニを小さく切り、いろいろな野菜と一緒に。豚肉を合わせて夏のスタミナ不足を解消しましょう。

キャベツにチーズでコク

春のみずみずしいキャベツをさらりとしたクリームスープに。粉チーズを使ってコクを出し、風味豊かに仕上げています。

春

春野菜で、にぎやかに

新じゃがいも、グリーンピース、そしてにんじん。春の野菜をいろどりよく詰め込んだ季節感たっぷりのスープです。

冬

白菜、しいたけ、中華風

白菜としいたけ、ごま油を使って中華風のクリームスープに。薄力粉をふり入れず、あとから片栗粉でとじる方法で簡単に。

豆乳と焦がしねぎで風味よく

カリフラワーと豆乳のやさしい味に焦がしねぎがちょっとしたアクセントになった、個性的でヘルシーなスープ。

秋

里いもをさらりと

ほっくりおいしい里いもを相性のよい長ねぎと一緒にミルクスープにしました。長ねぎのとろりとした食感が発揮されます。

ほくほく、鶏ごぼう

クリームスープとごぼうは、意外性があっておいしい組み合わせ。クリームスープにはご法度の黒胡椒をあえて使います。

上記スープの詳しい作り方は、P.135〜136へ

丸ごとゴロン！のごちそうスープ

数ある野菜料理の中でも、野菜が丸ごと入ったスープは、格別のおいしさ。だしを吸ってふっくらうまみをたたえた野菜そのものもさることながら、野菜を噛みしめたときにしみ出すスープが大きな魅力。ここは水ではなく、おいしいだしを使って作るほうがいいと思います。

丸のままのかぶを主人公にするなら、昆布だしをベースに、生のトマトやかぶの皮やヘタも一緒に入れて、精進スープに。トマトや

丸ごとかぶのスープ

材料（2人分）

かぶ 2個
トマト ½個
昆布 5〜6cm角
塩、青ゆず皮 各適量

作り方

1 かぶは葉と茎を切り落とし、皮をむく。飾り用に茎を3本取っておく。
2 鍋にかぶ、かぶの皮とヘタ、昆布、トマト（切り口を上向きにして）、塩小さじ½を入れ、ひたひたの水を加えて中火にかける。煮立ったら昆布を取り出し、弱火にしてオーブンシートなどで落としぶたをし、20分ほど静かに煮る。
3 かぶが柔らかくなったら、かぶの皮とヘタ、トマトをそっと取り出し、塩で味を調える。かぶの茎を刻み、鍋に加えて火を止める（余熱で火を通す）。青ゆず皮を小さく切ってのせる。

かぶの皮からもちゃんとうまみが出て、かぶにしみ込みます。

トマトをメインに据えるときは、鶏で取ったブイヨンで煮ます。スープにトマトを崩して混ぜながら食べるとおいしいのです。

どちらも、できれば前日に作って、楽しみに朝を待ちたいスープです。火を止めてから冷めるまで、そして冷めてからの時間で、だしや味が、じわり、じわりと野菜の奥までしみ込んでいきます。食べるときにもう一度、温めます。これで、ありふれた野菜でも存在感を放つひと皿になり、お客さまにお出しするのにもぴったりです。

丸ごとトマトのスープ

材料(2人分)

トマト 小2個
ブイヨン(P.132) 400mℓ
塩 小さじ½
薄口しょうゆ 適量
青じそ 適宜

作り方

1 トマトは包丁でヘタを取り除く。ヘタがあったほうを下にして鍋に入れ、ブイヨンを注ぐ。
2 塩を加え、オーブンシートなどで落としぶたをして中火にかける。煮立ったら弱火にして5分煮て、火を止める。トマトの皮を取り除き、そのまま冷ます。
3 再度火にかけて温め、薄口しょうゆで味を調える。トマトをそっと器に移し、スープを注ぐ。好みで、青じそを千切りにしてのせる。

生野菜をこんもりのせて 新鮮サラダスープ

フレッシュな野菜を思い切り頬張りたい気分の朝ってあります。そんなときには、サラダみたいなスープです。

スープの汁を、ドレッシングだと思ってください。だから、ちょっぴり酸味のある味付けにしておきます。ふつう、ドレッシングはサラダにかけますが、この生野菜スープはドレッシングに生野菜をのせるという、逆の発想です。

スープまで冷やせばまさにサラダ感覚で食べられますが、温かいスープに生野菜をこんもり積んで混ぜながら食べるのは、新感覚のおいしさです。

生野菜だってスープになりますし、熱くも冷たくもないスープだって、あります。思い込みを捨てて、野菜の新しいおいしさ、楽しんでしまいましょう。

生野菜サラダのスープ

材料(2人分)

じゃがいも 小1個
セロリ 5㎝
たまねぎ ¼個
ミニトマト 6個
パプリカ(赤) ⅛個
サラダリーフ(レタス、クレソン、ベビーリーフなど好みで) 100g
ブイヨン(P.132) 250㎖
酢 小さじ2
塩 小さじ½
オリーブオイル 適宜

作り方

1 じゃがいも、セロリ、たまねぎは約7㎜角に切る。ミニトマトはヘタを取り除き、4等分に切る。パプリカは細切りにする。サラダリーフは洗って水気を切る。

2 鍋にブイヨンを入れて中火にかけ、じゃがいも、セロリ、たまねぎを加えて3分煮て、塩、酢を加える。

3 2を器に注ぎ、サラダリーフ、ミニトマト、パプリカをのせる。好みでオリーブオイルをかける。

もうミルクもバターも使わないコーンポタージュ

最近ではとうもろこしの甘い品種が増えて、ゆでるだけでおいしくてジューシーな実が楽しめるようになりました。だから、スープにするときだって、生クリーム、バターなどあれこれ使わなくても十分おいしいはず。

ですが、なぜかコーンポタージュのレシピは、とうもろこしが今よりもっと甘くなくて、もそもそした食べ物だった昔から、あまりかわっていないような気がします。

そこで試しに作ってみました。とうもろこし、塩、オリーブオイルのみっつとクルトンだけで作る、シンプルなコーンポタージュ。ぜひ味わってみてください。とうもろこしのつぶつぶ感と、ポタージュのクリーミーな食感、両方楽しめるダブルポタージュです。

とうもろこし、塩、オリーブオイルだけの味。とうもろこしを思う存分頬張りたい、という思いから作りはじめました。

ダブルコーンポタージュ

材料（2人分）

とうもろこし 2本
オリーブオイル 大さじ1
塩、クルトン※ 各適量

※角切りにしたバゲットをフライパンで乾炒りしてから、バゲットの半分ぐらいの高さに油を注いで炒め揚げにしたもの。

作り方

1 とうもろこしは皮をむき、包丁でそぐように粒を外す。芯は半分に切る（切れなければそのままでよい）。

2 鍋にオリーブオイルを熱し、とうもろこしの粒を焦がさないように炒める。香りが立ったら、とうもろこしの芯、水400㎖、塩小さじ½を加え、減った分の水を補いながら15〜20分煮る。芯を取り除く。

3 2からとうもろこしの粒約⅓を取り出し、鍋の中でハンドブレンダーをかける。取り出した粒を鍋に戻し、さらに水を少しずつ加えて好みの濃度にし、塩で味を調える。

4 器に盛り、クルトンを浮かべる。

お正月じゃなくても お雑煮食べよう

お正月のイメージが強いお雑煮ですが、なんでもない日に食べる「平日雑煮」もいいものです。正月の三が日に作るような型通りのお雑煮は忘れて、もっと自由に、スープとお餅の組み合わせを楽しんでしまいましょう。

たとえば、肉入りのコンソメスープや具だくさんのミネストローネ、中華風の野菜スープにお餅の組み合わせ。食べ盛りの高校生の朝ごはんになるほど、ボリュームたっぷりです。ちょっぴり手間はかかりますが、素揚げしたお餅にまろやかなつゆ、だいこんおろしをたっぷりかけた揚げ餅雑煮も、わが家では人気のお雑煮です。市販のめんつゆを使い、少しでも手軽に。

朝のお雑煮は力が出ます。今日は家族が自転車の遠乗りに行く予定、そんな日の朝に、いいものです。

豚肉と白髪ねぎの雑煮

材料（2人分）

豚薄切り肉 120g
長ねぎ 15cm
だし 400mℓ
薄口醤油 小さじ1
餅 2個
塩、胡椒 各適量

作り方

1 豚薄切り肉は食べやすい大きさに切る。長ねぎは白髪ねぎに切り、水にさらして絞る。
2 鍋にだしを入れて火にかけ、豚肉を加えてアクを取り除きながら煮る。塩小さじ⅓、薄口醤油を加える。塩で味を調え、胡椒をふる。
3 餅を焼いて器に入れ、**2**を注ぐ。白髪ねぎをのせる。

揚げ餅雑煮

材料（2人分）

餅 2個
だいこんおろし ½カップ
めんつゆ（3倍濃縮） 60mℓ
揚げ油 適量
海苔 適宜

作り方

1 めんつゆ、水300mℓを鍋に入れ、火にかけて温める。
2 餅を4等分に切り、160度の油でふくれるまで素揚げする。
3 器に餅を入れて**1**を注ぎ、だいこんおろしをのせ、好みで、海苔を細切りにしてのせる。

スープとパンは もっと仲よくなれる

スープという言葉は、もともとパンを指していたそうです。かちかちに硬くなったパンを野菜などを煮た汁でふやかして食べていた、そのパンのことを「ソップ」と呼んだのがはじまり。やがて煮汁のほうが「スープ」として発展しました。パンを揚げたクルトンがスープによく浮いているのも、その名残です。

　そんな歴史をふり返って、パンを具にしたスープをふたつ作りま

材料(2人分)

たまご 2個
食パン1枚
粉チーズ 30g
ブイヨン(P.132) 400mℓ
塩 ひとつまみ
胡椒、パセリ 各適量

作り方

1. ブイヨンを鍋に入れて中火にかけ、塩を加える。
2. ボウルにたまごを溶き、粉チーズを加えて混ぜ、食パンをちぎりながら加えて軽く混ぜる。
3. 煮立った1の鍋に2を加え、20秒ほどで火を止める。胡椒をふり、パセリをみじん切りにしてちらす。

パンとたまごのスープ

した。たまご入りのパン雑炊みたいなスープはとても手軽にできて、しかもたまごとパンとスープが一度に食べられるという、面倒くさがりやさん向き。

また、牛肉とたまねぎを煮込んだシンプルシチューにパンを入れたスープは、煮込むときに加えたビールが複雑なうまみの素。ドイツではビールを「飲むパン」とも呼んでいて、大麦、小麦の差はあっても同じ麦から生まれた仲間。相性は抜群です。

おいしいスープをたっぷり吸ったパンも、またパンの香ばしさが移ったスープも相乗効果でおいしくなる、二人三脚のスープです。

パンとビール入り牛肉のスープ

材料(作りやすい量)

たまねぎ 2個
牛肉(すね肉、肩肉など) 200g
にんにく 1片
ビール 150㎖
カンパーニュなどのパン 80g
オリーブオイル 計大さじ3
ローリエ 1枚
塩、胡椒 各適量

作り方

1 たまねぎは薄切りにし、にんにくはつぶす。牛肉は食べやすい大きさに切り、塩小さじ1をもみ込む。
2 鍋にオリーブオイル大さじ1を熱し、牛肉とにんにくを炒めて取り出す。同じ鍋にオリーブオイル大さじ2を入れてたまねぎが濃い茶色に色付くまで炒める。牛肉を鍋に戻し、水400㎖、ビール、ローリエを加えて肉が柔らかくなるまで煮込む。塩で味を調え、胡椒をふる。カンパーニュを一口大に切って加える。

歯ざわりカリッ、の手作り焼きクルトン

スープにクルトンが浮いていると、わけもなく嬉しくなりませんか？　残り物のパンで作る「焼きクルトン」なら、ものすごく簡単に、朝からカリカリの食感が楽しめます。

　基本は、パンを小さな角切りか薄切りにして、オーブントースターの低温で、ときどき混ぜながら、ムラなく焼き上げるだけ。デニッシュのようにバターがたくさん含まれたパンなら、フライパンでコロコロゆすりながら弱火で炒るように焼いても香ばしいです。クルトン生活を楽しんで。

角切りで好きなだけ

逆さあんぱん

材料（作りやすい量）

こしあん（市販のもの）200g
デニッシュ生地のパン 適量

作り方

1 器にこしあんを分け入れ、水を少しずつ加えて好みの濃度にする。しっかり冷やす。
2 角切りにしたパンをフライパンで炒って1に添える（薄めたあんにパンを好きなだけ入れ、混ぜながら食べる）。

アボカドポタージュ

材料（2人分）

アボカド 1個
オリーブオイル 小さじ2
塩 小さじ⅓
バゲット　適量

作り方

1 アボカドは種と皮を取り除き、ざく切りにする。
2 フライパンにオリーブオイルを熱し、アボカドを軽く炒める。水200mlを加えて中火で1～2分煮て、ハンドブレンダーをかけ、塩を加える。
3 バゲットを薄切りにしてオーブントースターで焼き、器に盛った**2**に添える。

薄切りを添えて

細切りを浸して

里いもとハムのポタージュ

材料（2人分）

ゆで里いも（冷凍） 6～7個（150g）
ロースハム（または薄切りベーコン） 1枚
塩 小さじ⅓
食パン 1枚

作り方

1 ゆで里いも、ざく切りにしたロースハム、塩小さじ⅓、水300mlを鍋に入れて中火にかける。15分ほど煮て里いもが柔らかくなったら、ハンドブレンダーをかける。
2 食パンを棒状に切ってオーブントースターで焼き、器に盛った**1**に添える。

スープに使うパスタ図鑑

朝のスープにパスタが入っている日は、食卓についた息子がほんのり嬉しそうな表情をします。スープの脇役にまわっても、やっぱりパスタは人気者ですね。

　スープに向くパスタにはふたつのタイプがあります。

　ひとつは、小さいタイプ。火の通りがよく、スプーンですくいやすくて他の具材と一緒に口の中にサラッと入ってくるようなパスタです。すぐ思い浮かぶのはリゾー

アルファベットパスタ

「A」「B」「C」など、アルファベットの形をしたパスタは、にんじんなど1～2種類の野菜とともに、シンプルなブイヨン（P.132）に浮かせて形を楽しみましょう。たくさんある中から文字を探してイニシャルや単語を作るのは、時間のあるときのお遊び。

リゾーニ

イタリア語でリーゾとはお米のこと。今朝のスープは少しもの足りないかな、というときに直接ふり入れて煮て、雑炊風に。ビーフトマトスープ（P.106、たまごを入れていないもの）などのボリュームアップにとても重宝するパスタです。

ファルファッレ

ちょうちょにも、リボンにも見えるファルファッレ。ちょうネクタイ、という意味なのだそう。愛らしい姿に華があり、入っていると思わずにっこりしてしまいます。右写真のトマトのスープ（P.18）の他、ミネストローネなどにもぴったりです。

ニ。イタリアで「米」の意味を持つ名のとおり、お米の形をしています。もうひとつは、スープが絡むタイプ。たとえば、ちょうちょ形のファルファッレや、くるくるっとカールしたフジッリは、パスタのひだの中にスープが入り込んで、パスタ自体もおいしく味わえます。

　さて、このようなパスタを切らしているけれど、どうしても食べたいときはどうするか。私はスパゲッティをポキポキ折って、入れてしまいます。スプーンではどうも食べにくいのですが、たとえそうだとしても、やっぱり嬉しさはいつもの2割増しですから。

フジッリ

らせん状のこのパスタ、私はくるくるパスタと呼んでいます。スープがとても絡みやすく、クリームスープ（P.54）やシチューなどに入れるとたっぷりボリュームを感じられるのが嬉しくて、ついつい、多めに入れてしまうパスタです。

火を通して気づいたフルーツのうまみ

見習いの魔女が暖炉で焼く、熱々の焼きりんご。果物を加熱するホットフルーツには、どことなく子供の頃に読んだ童話の世界を思い出させるものがあります。

北欧のベリースープやハンガリーのサワーチェリースープなど、ヨーロッパの国々で果物のスープは親しまれていますが、以前スウェーデンのおみやげにもらったスープの素で作ったベリースープを飲んでみたら、目が白黒するほど強烈に甘く

りんごのポタージュ

材料（2人分）

りんご（紅玉など酸味の強いもの）2個（約250g）
バター 10g
砂糖、塩 各適量

作り方

1 りんごは皮をむき、薄切りにする。
2 鍋にりんご、バター、砂糖大さじ1、水100mℓを入れて中火にかけ、煮立ったら弱火にしてふたをし、10分ほど、りんごが柔らかくなるまで煮る。
3 ハンドブレンダーをかけ、水を少しずつ加えて好みの濃度にする。そのまま温め、塩ひとつまみを加える。味を砂糖で調え、器に盛る。

＊写真では、りんごのバターソテーにシナモンをふって飾っているが、軽く泡立てた生クリームなどを添えてもおいしい（いずれも分量外）。

て、驚きました。

　私の作るフルーツスープは甘み控えめ。果物は煮ると酸味が少し抜け、生のときにはなかった奥深いうまみが出てきます。

　写真のりんごのポタージュはデザートスープとして仕上げていますが、肉とも相性がいいので、お食事どきのスープとしても。少しの塩で、味が引き締まります。

　いちごやブルーベリー、柑橘類など、果肉の食感を楽しみたい果物は形を残しておきます。

　生野菜サラダと温野菜サラダを食べ分けるように、生のジュースと温かいスープが選べたら、フルーツの楽しみ方も広がります。

材料（2人分）

いちご 1パック（約300g）
砂糖 70g
胡椒 適量

作り方

1 いちごはヘタを取り除き、7㎜厚さの輪切りにする。
2 いちご、砂糖、水400㎖を鍋に入れ、中火にかける。煮立ったら弱火にし、5分加熱する。
3 器に盛り、胡椒をふる。

いちごのスープ

キウイ？・ココア？・サプライズスープ

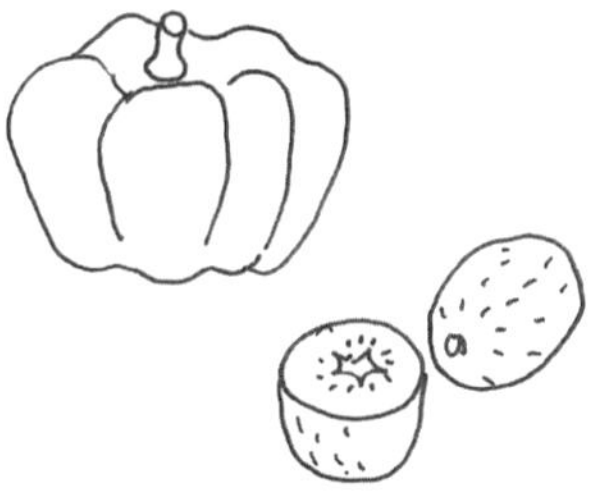

しょっぱいはずのものが甘かったり、甘いと思っていたものが苦かったり……。そんなふうに見た目を裏切る一品は、賛否両論。家庭料理では、なかなかいつもの味付けから離れられず、ついついマンネリになってしまいがちですが、たまには食べる人に付き合ってもらって、楽しい味の冒険をしてみませんか？

まずは、スプーンですくうとカップの底からココアのペーストが出てくるという、サプライズを忍ばせたかぼちゃポタージュ。かぼちゃの甘さにほろりと苦いココアがよく合います。

次は強い酸味を持つキウイと、脂っこいソーセージの取り合わせ。意外なことに、砂糖をほんのちょっぴり使うと、味が落ち着くのです。

かぼちゃとココアのポタージュ

材料(2人分)

かぼちゃ ¼個(約400g)
サラダ油 大さじ2
砂糖 大さじ1
ココアパウダー 小さじ1
塩 ひとつまみ

作り方

1 かぼちゃは皮をむき、薄切りにする。

2 鍋にサラダ油を熱し、かぼちゃを炒める。水300mℓ、塩を加え、ふたをして中火で20分ほど煮る。ハンドブレンダーをかけて砂糖を加え、温めながらぽってりした濃度になるまで少しずつ水を加える。

3 2を大さじ3取って小さなボウルに入れ、ココアパウダーを加えて混ぜる。これを器の底に入れ、その上に残りの2を注ぐ(混ぜながら食べる)。

材料(2人分)

キウイフルーツ 1個
たまねぎ ¼個
ソーセージ 3本
オリーブオイル 大さじ1
塩、胡椒、砂糖 各適量

作り方

1 キウイフルーツは縦4等分に切ってから乱切りにする。たまねぎはみじん切り、ソーセージは乱切りにする。

2 鍋にオリーブオイルを熱し、ソーセージを焼く。たまねぎを加え、少し焦げ目が付くように中火で2分ほど炒め、水300mℓ、塩小さじ½、砂糖小さじ1を加える。煮立ったらキウイも加え、さっと加熱する。塩や砂糖で味を調え、胡椒をふる。

キウイと焼きソーセージのスープ

ときには頑固に！ ここ一番はいつもの味で

豆腐の味噌汁

材料（2人分）

豆腐 ½丁
だし 300mℓ
味噌 大さじ1½
青ねぎ 適宜

作り方

1. 鍋にだしを入れて火にかけ、沸騰させる。
2. 豆腐を約1cm角に切る。
3. 1に豆腐を加え、味噌を溶き入れる。好みで、青ねぎを小口切りにしてちらす。

私がこれまで最も繰り返し作ってきたスープは、もう間違いなく豆腐の味噌汁でしょう。わが家の日常を象徴するようなスープで、豆腐の大きさや味噌を入れるタイミングは、ほとんどかえずに作ってきました。だしは、そのときある中から。煮干しだしか、昆布とかつおのだしが多いです。忙しい毎日、ときにはだしパックだって使います。

　また、この味噌汁は、息子の受験や合宿に出かける朝など、ここ一番というときに必ず出す、お守りのような存在でもあります。大事なときにスタミナをつけようなどといって、突然トンカツを食べたりするよりは、慣れ親しんだ味噌汁を飲んで、平常心を持ったまま臨んだほうが、うまくいくような気がしませんか？

まな板いらずでおしゃれなすり流し

すり流し、という和の料理法があります。すり鉢で魚介や野菜をすって、だしでのばした上品な椀物。要するに、道具とだしが和風になったポタージュなのですが、これをもっともっと簡単にできないだろうか、と思って試したのが、おろし金を使う方法です。

シンプルな酒粕入りの味噌汁の中に、じゃがいもをおろし金で直接すり入れて、さっと加熱すれば出来上がり。まな板すら必要ありません。白味噌で作れば、写真のように品のよいおもてなし料理になりますが、赤味噌でももちろんできます。酒粕はなければ省いても大丈夫。本来のすり流しとは違いますが、これはこれで手軽に、しかもこんなに手間がかかったふうに見えるのが最大の魅力です。

じゃがいもの粕汁

材料(2人分)

じゃがいも 大1個
だし 400mℓ
味噌 大さじ2
酒粕 大さじ1
せり 適宜

作り方

1 酒粕に水大さじ1を合わせ、10分ほど置く。
2 だしを鍋に入れて火にかけ、1を加えて溶き、味噌も溶き入れる。いったん火を止め、皮をむいたじゃがいもを直接すりおろす。
3 全体を混ぜて再度火にかけ、温めて出来上がり。器に盛り、好みで、せりを食べやすい長さに切って浮かべる。

スープこぼれ話②

スプーンの片思い

「スプーンはスープの味がわからない」。イギリス・ウェールズ地方のことわざで、知識だけの人に、本当の知恵者の言葉はわからない、という意味だそうです。豊かな味わいをたたえたスープに憧れるスプーン。でもスープの本当の心は見えておらず、気持ちはいつも完全な一方通行。そんな関係を想像させる、ちょっと切ない言葉です。

でも、そのことにうすうす気づいていながらスープ皿の脇で自分の仕事を実直に続けているスプーンに、なんだかエールを送りたくなります。その強い憧れと真面目さが、スプーン自身をいつか輝かせるのだと信じたいのかもしれません。

第 3 章

感性がめざめれば、ごきげんな朝になる

積み上げて組み立てる和食の盛り付けをスープで

なにしろ、スープは液体ですから、盛り付けが難しいのです。でも、昔少しだけ習った和食のお椀の盛り付け方が、なかなか役に立っていて、スープにも使えます。

汁と具を一度に盛らず、まずは具から。器の中央に積み上げるようにして入れていきます。小さなものなら玉杓子ですくいますが、大きな具は箸で真ん中に寄せて。そして、脇からスープをそっと注ぎこむようにします。葉野菜やゆず、青ねぎなど「天盛り」と呼ばれるものはそのあと。中央の具にたてかけたり、のせたりするように盛り付けましょう。

「きれいにできた！」と椀を食卓に運んでいるうちに、積んだ具が崩れて、「あーあ」となってしまうのもご愛敬。ひとところにとどまらないことが、スープという料理の大きな魅力でもあるのです。

れんこんの白味噌汁

材料（2人分）

れんこん 1節（約150g）
菜の花 2本
だし 300mℓ
白味噌 大さじ2
溶き辛子 適宜

作り方

1 れんこんは薄切りにし、水にさらしてざるに上げる。菜の花はさっとゆでて約4cm長さに切る。

2 だしを鍋に入れて火にかけ、れんこんを加えて煮る。白味噌を溶き入れ、味が足りなければ白味噌（分量外）を少量加える。

3 器に2のれんこんを盛り、2の汁を注ぎ、1の菜の花を飾る。好みで溶き辛子をのせる。

食感と香りでめざめる朝向きトッピング

ほんの少しあるだけで、盛り付けがぐっと引き締まるトッピング。でも、「あってもなくてもいい」ならやめておきましょう。言うならば「すっぴん」のシンプルなかぼちゃポタージュを、個性的で特別な一品へと進化させるような、「決めの一手」となるトッピングが理想です。
それで、寝起きの体をぱっちりめざめさせたいものです。

これがベース！

基本のかぼちゃポタージュ

材料（2〜3人分）

かぼちゃ ¼個（約400g）
バター 20g
塩、砂糖 各適量

作り方

1 かぼちゃは皮をむき、薄切りにする。
2 鍋にかぼちゃ、バター、水200㎖を入れ、ふたをしてかぼちゃが柔らかくなるまで煮る。
3 2に塩小さじ½を加えてハンドブレンダーをかける。水を少しずつ加えて好みの濃度にする。塩気が足りなければ塩、甘みが足りなければ砂糖を少量加える。

※写真では、炒めたかぼちゃ（分量外）を小さく切り、浮かべている。

トッピングバリエーション

A カリッと歯ざわりのよいスライスアーモンド。オーブントースターで軽く焼いておきます。 **B** ナッツ入りキャラメルソース。市販のキャラメルソースにスライスアーモンドを加えて香ばしく。 **C** ほろ苦い深煎りコーヒー豆をアクセントに。よく煎ったコーヒー豆は食べられます。すり鉢やミルで粉にしてパラパラと。 **D** 白ごま。ベースのスープは、だしでのばしたり、醤油を隠し味に加えたりすると、さらに白ごまとよく合います。 **E** 焼きクルトン(P.70)をレーズンパンで作ってのせ、シナモンをたっぷりふりました。

絵を描くように！自由に気ままにスープアート

スープに使った食材や食卓にあるもので描く、器の中のいたずら書き。
トッピングを画材がわりに、試してみましょう。失敗しても食べてしまえば大丈夫！

みっつ並べてかわいらしく

紅玉りんごの皮を四角く小さく切って、てん、てん、てんとのせました。真っ白いスープに、真っ赤なりんごの色がかわいらしく映えます。

赤×赤、真夏の情熱

パプリカのポタージュに同じパプリカのトッピング、というのがおしゃれです。ポタージュの下煮のときに少し取り分けて刻んであります。

青ねぎをいつもと違う切り方で

トッピングの青ねぎは、つい小口切りにしてしまいますが、こんなふうに長く切ってもきれいです。加熱はしないで使用。

皮を捨てずに、くるくるっと

なすの皮を細く切って、軽く塩もみしたものをくるくるっと巻きました。地味な色のスープに紫の色が入って、美しく。

あられの行列

ささがきごぼうのコンソメスープに合わせたのは、なんと、あられ！　ずらっと並べて楽しく、歯ざわりもアクセントに。

鮮やかブルーに目がぱっちり

紫キャベツのポタージュを一晩おいたら、こんな鮮やかな青に！　生クリームで渦を描き、パプリカパウダーの赤をぱらり。

さわやかすぎるグリーンの朝

やさしい緑色のアボカドポタージュに、ヨーグルトを控えめに落として。草の上に咲いた白い花をイメージしました。

洋服を合わせる感覚で

ビビッドなビーツ色のセーターに白いスカート。そんな洋服のコーディネートみたいに、色の対比を作ります。

上記スープの詳しい作り方は、P.136～137へ

焼きお揚げの万能ぶりに目をみはる

職場にも学校にも、たまにこんな人がいませんか？　場をなごませながら、対立しがちなあの人とこの人、ぼんやりした関係のこの人とあの人をつないでまわり、いつのまにか全体をまとめてしまう人。焼いた油揚げは、スープにおけるそういう存在です。

油揚げは精進料理などでもコクを出すために使われる食材で、うまみも十分。でも肉や魚、たまねぎなどのようにアクはなく、どんな素材

キャベツと焼きお揚げの和風スープ

材料（2人分）

キャベツの葉 2枚
油揚げ 1枚
昆布 5㎝角2枚
薄口醤油 大さじ1
胡椒 適量

作り方

1 昆布は水400㎖に浸し、一晩冷蔵庫に入れておく。昆布は取り除く。
2 キャベツの葉は1㎝幅に切り、鍋に入れる。1を大さじ2加えて中火にかけ、ふたをして3分蒸し煮にする。
3 2に残りの1を加え、弱火にかける。薄口醤油を加えて胡椒をふり、味が足りなければ薄口醤油（分量外）をさらに少量加える。
4 油揚げをオーブントースターで焦げ目がつくまで焼き、1.5㎝角に切る。器に盛った3にのせる。

ともぶつからずにいられます。香りの強いごぼうと酸味のあるトマト、ケンカしそうな食材どうしも、この焼きお揚げが間を取り持てば、うまくまとまります。

単に調整役をつとめるだけでなく、スープに浸かってしまう前は、和製クルトンとしてクリスピーな食感を添えてくれます。スープの上で存在感を放ち、主役はもしかして焼きお揚げだったかもしれない、などと思わせる名脇役ぶりを発揮するのです。

作り方は簡単。油揚げをオーブントースターなどで焦げすぎないように焼き、ザクザク切るだけ。作りたてが、命です。

トマトとごぼう、焼きお揚げのスープ

材料（2人分）

トマト 2個（約250g）
ごぼう ½本
油揚げ ½枚
オリーブオイル 大さじ1
塩 適量

作り方

1. トマトはざく切りにし、ごぼうは皮をよく洗って斜め薄切りにする。
2. 鍋にオリーブオイルを熱し、ごぼうを中火で2分炒める。トマト、塩小さじ½を加えてふたをし、2分ほど蒸し煮にする。水300mℓを加えてさらに3分煮て、塩で味を調える。
3. 油揚げをオーブントースターで焼いて細切りにし、器に盛った**2**にのせる。

しびれる香りと辛み！胡椒が主役のスープ

ぴりりと辛い胡椒。どうせ使うなら、遠慮がちにではなく、ときにはその魅力を思い切り感じてみませんか？　朝からこんなにスパイシーなものを食べていいのかと思うほど、ホットなスープで爽快にめざめましょう。

　使うのは、粗びきの黒胡椒。牛肉入り、たまねぎたっぷりのスープに、パラリとふります。これでは足りません、もっとふります。いや、まだまだ……スープが黒くなるぐらい。食べると、辛い！　でもそのうち、体がぽかぽかしてきます。昔から胃腸に効く生薬、また媚薬としても使われてきた、胡椒の力を感じるはずです。

　料理の終盤で塩と胡椒を加えるときは、まず塩を、それから食べる直前に胡椒をふって。その香りが強く残ります。できれば、粒の胡椒を専用ミルでひくと格別です。

黒胡椒と牛肉、たまねぎのスープ

材料（2人分）

たまねぎ 1個
牛もも肉（焼き肉用） 100g
オリーブオイル 大さじ1
胡椒（黒） 小さじ½
塩 適量

作り方

1 たまねぎはみじん切りにし、牛もも肉は小さめの角切りにする。
2 鍋にオリーブオイルを熱し、たまねぎを茶色く色付くまで炒める。
3 牛肉、水400㎖、塩小さじ½を加えて中火にかけ、煮立ったらアクを取り除きながら3分加熱する。塩で味を調え、胡椒をふる。好みで、さらに胡椒（分量外）をふる。

ピーラーやスライサー、引き出しで眠っていませんか

初夏の頃、ずっしりしたズッキーニが出まわりはじめたら、ひらひらとスライスして、見た目も涼やかなスープが作りたくなります。

とはいえ、ここまで薄切りにするのはちょっと無理……。そんなときに活躍するキッチングッズが、ピーラーとスライサーです。プレゼントされたものを、台所の引き出しの奥に眠らせている人も多いのでは？

私にとっては便利というより、

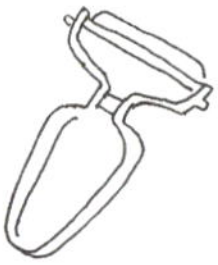

ひらひらズッキーニのスープ

材料（2人分）

ズッキーニ 1本
ブイヨン（P.132） 400mℓ
塩 適量

作り方

1 ズッキーニはヘタを切り落とし、ピーラーで細長い薄切りにする。
2 鍋にブイヨン、塩小さじ⅓を入れて中火にかけ、煮立ったらズッキーニを加えて3分ほど、静かに煮る。塩で味を調える。

楽しい道具。ピーラーをもらったときはとにかく野菜の皮をむいてみたくて、あてどなくじゃがいもの皮をむきました（あとで肉じゃがになりましたが）。スライサーは、包丁で切るより、野菜の表面がほんのちょっとギザギザになります。だから、にんじんをこれで切ると、ドレッシングがよくしみ込むんです。そしてもちろん、スープに入れてもよく絡みます。

　ズッキーニを縦に持ち、ピーラーを引くようにして薄く切る。スライサーで、にんじんを極細の千切りにする。これだけで、いつもと同じ野菜が、まったく違う味わいに感じられます。

細切りにんじんと
レーズンのスープ

材料（2人分）

にんじん　小1本
ブイヨン（P.132）　350㎖
サラダ油　大さじ1
レーズン　大さじ1
塩　適量

作り方

1. にんじんはスライサーで千切りにする。
2. 鍋にサラダ油を熱し、にんじんを中火で3分炒める（焦げ付かないように注意する）。しんなりしたら、ブイヨン、塩小さじ½、レーズンを加えて3分煮る。塩で味を調える。

体ぽかぽか、赤×黒のスープ

大胆な、赤と黒。トマトに甘く煮た黒豆、そして胡椒もたっぷり使った斬新なホットスープ。黒豆や胡椒など、黒い食材に体の冷え対策によいものが多いと聞いたことから、考えた一品です。

お正月などに食べる黒豆甘煮は、ご存じのとおりとても甘いのですが、酸味の強いトマト、辛みのある胡椒と合わせることで、バランスが取れます。甘くて、辛くて、酸っぱくて、だからうまい、という状況が作りたかったのです。

見た目や食材の組み合わせは斬新でも、バランスを意識すれば味はとても自然にまとまります。十分煮込んで、豆の甘さをスープに移しましょう。

黒豆と鶏肉のホットスープ

材料（2～3人分）

黒豆甘煮 100g
鶏もも肉 200g
たまねぎ ½個
トマト水煮（缶詰）1缶
オリーブオイル 大さじ2
胡椒（黒）小さじ1
塩 適量

作り方

1. たまねぎは1cm角に切る。鶏もも肉は小さめの一口大に切る。
2. 鍋にたまねぎを入れてオリーブオイルを回しかけ、中火にかける。たまねぎが透き通ってきたら、鶏肉を加えて炒める。鶏肉の表面が白くなったらトマト水煮（手で崩しながら、汁ごと）、塩小さじ1、黒豆甘煮を加える。
3. 15～20分煮込み、塩で味を調え、胡椒をふる。

童話に出てくるスープのお話

『3びきのくま』という、ロシアの童話を知っていますか？森に迷い込んだ女の子がくまの家に忍び込み、テーブルに用意されていたスープを食べてしまうというシーンがあります。その空腹を満たす温かいスープが、おいしそうなのです。

翻訳によっては「おかゆ」となっている絵本もあるのですが、おそらくヨーロッパで庶民に食べられていてスープの原形でもあった、「ポリッジ」と呼ばれる穀類や豆をどろどろと煮込んだものだと思います。マザーグースにも「鍋に入って9日たった豆のポリッジ」というフレーズが出てきます。

童話の世界のスープは想像でしか味わうことはできませんが、くまのスープは、こんな感じだったのではないかな、と思いつつ作ってみました。

グリーンピースのつぶしポタージュ

材料（2人分）

グリーンピース（冷凍） 1袋
たまねぎ ¼個
ベーコン 50g
オリーブオイル 大さじ2
塩 適量

作り方

1 たまねぎはみじん切りにする。ベーコンは細かく刻む。
2 鍋にたまねぎ、ベーコン、オリーブオイルを入れて中火にかけ、2分炒める。グリーンピース、塩小さじ½、水200㎖を加え、煮立ったらふたをして、20分ほど蒸し煮にする。途中ふたを開け、水分がなくなっていたら補う。
3 2にハンドブレンダーをかけ、粒が少し残ったペースト状にする（玉杓子の背でつぶしてもよい）。温めながら、水を少しずつ加えて好みの濃度にする。塩で味を調える。

焦がし野菜の香りがおいしい記憶を刺激する

焼き野菜のスープを口にするたび、なぜか記憶をさかのぼり、たき火のある風景が浮かびます。父はたき火が好きでした。秋冬は庭で落ち葉を集めてはよく燃やしていましたし、晩年に何年か趣味で借りて耕していた畑でも、よく火をたいていました。

小さくゆれる炎は心を落ち着かせます。家族たちは気が向いたときだけ、火のそばに集まり、くつろぎました。おき火の灰の中でさつまいもを焼いたり、ときにはダッチオーブンをたき火の上に組んで鶏肉をローストしたり。たき火は父の作る小さなリビングであり、キッチンでした。

そして、たき火の習慣がなくなった今、野菜の焦げた匂いをかぐと、私はなぜかバーベキューよりもたき火を思い出します。

煮たり蒸したり炒めたりするところからスタートするスープが多い中、たまには「焼く」というところからはじめるスープも、野趣にあふれて、新鮮ではないでしょうか。しっかり野菜に焦げ目をつけると、他の方法で野菜を使うときよりも濃いおいしさを感じます。

焼き野菜の味噌汁

材料(2人分)

夏野菜(なす、たまねぎ、ゴーヤ、ズッキーニ、かぼちゃ、パプリカなど合わせて)200g
だし 350㎖
味噌 大さじ1½

作り方

1 夏野菜は食べやすい大きさに切る。魚焼きグリルか焼き網で、焦げ目が付くまで焼く。
2 だしを鍋に入れ、火にかける。1のうち、かぼちゃなど硬い野菜を先に加え、火が通るまで煮る。
3 味噌を溶き入れ、残りの1を加える。

焼きキャベツとレモンのスープ

材料(2人分)

キャベツ ¼個
レモン ¼個
オリーブオイル 大さじ1
塩 適量

作り方

1 キャベツはバラバラにならないよう芯を付けたまま、くし形に切る(2等分に切る)。レモンは果汁を搾って小さじ½計量し、皮はみじん切りにする。
2 フライパンにオリーブオイルを熱し、キャベツの断面を押し付けるようにして2分ずつ焼き、両面にしっかり焦げ目を付ける。
3 キャベツを鍋に移し、水500㎖、塩小さじ1を加えて中火にかける。煮立ったら弱火にし、ふたをして20分煮込む。レモン果汁を加えて塩で味を調え、レモン皮をちらす。

スープこぼれ話 3

石のスープの味

お腹をすかせて村にたどりついた旅人は、村人から借りた大きなお鍋に、大きな石を入れて煮込みはじめました――。

『石のスープ』は、ヨーロッパに伝わる民話で、絵本にもなっています。旅人の役者ぶりに、警戒していた素朴な村人たちが思わず巻き込まれ、鍋の中の石のスープはみるみるおいしくなっていきます。さて、最後はどんなスープに……？　なんだかペテン師のような旅人なのですが、おしまいにはまわりのみんなをハッピーにして、しかも自分もちゃんとその輪の中で幸せにスープを食べている。こんなスープを作れる人って、いいなと思える、好きな話です。

朝の気持ちを調える
小さなアイデア

第 4 章

夜から朝、朝から夜へのバトンスープ

グリム童話の『こびととくつや』みたいに、夜のうちに仕事をしてくれる助っ人がいたら、と思います。朝起きて、おいしいスープができていたら！　残念ながらそれはかないませんが、今の自分が未来の自分を助けることはできそうです。

たとえば豚汁。身近な根菜で無理なく、でもたっぷり作って、夕飯に食べます。朝になったら、今度は里いもやねぎ、せりを足してご馳走豚汁に。バージョンアップさせる準備を前の晩にしておくと、朝が楽しみになります。

夜

豚汁

材料（作りやすい量）

豚薄切り肉 150g
A（だいこん 10cm、にんじん 1本、ごぼう ½本、れんこん 1節（約150g）、しいたけ 3枚）
こんにゃく ½枚
サラダ油 大さじ2
味噌 計大さじ4

作り方

1 豚薄切り肉は食べやすい大きさに切る。
2 Aは1cm角に切る。こんにゃくはさっとゆで、手でちぎる。
3 鍋にサラダ油を熱して豚肉を炒め、2を加えて中火で5分ほど炒める。
4 水800mlを加え、煮立ったらアクを取り除く。味噌大さじ2を溶き入れて15分ほど煮る。味噌大さじ2をさらに溶き入れる。

朝

ご馳走豚汁

材料（作りやすい量）

豚汁 P.104の約⅔量
長ねぎ ½本
里いも 5個
せり ½束
味噌 大さじ1

作り方

1 里いもは半分に切り、さっとゆでる。長ねぎは2㎝幅に切り、せりは食べやすい長さに切る。

2 豚汁が入った鍋に里いも、長ねぎ、水200㎖を加えて煮る。味噌大さじ1をさらに溶き入れ、火を止める。せりをちらす。

夜からのバトンはちょい足し型、朝からのバトンは変身型

前のページで紹介した豚汁のようなスタイルは、夜に料理をしておきたい人向き。でももちろん、朝から夜へとバトンを渡すように、スープを作ってもいいのです。たとえば朝に、たまねぎ、牛肉、トマトで簡単なビーフトマトスープを作りおきして、夜はこれに、豆やじゃがいもなど、ボリュームを出す具材を加えて、しっかりしたチリコンカンに。

　朝の自分に夜の自分が助けてもらったら、次は夜の自分が朝の自分をちょっと助ける。家事はゴールのないリレー、無理なく走り、明日の自分にバトンを渡します。

朝

簡単ビーフトマトスープ

材料（作りやすい量）

牛ひき肉 400g
たまねぎ 大1個
にんにく 1片
トマト水煮（缶詰）2缶
薄力粉 大さじ2
オリーブオイル 大さじ3
たまご 2個
塩 小さじ1
胡椒 適量

作り方

1 たまねぎはみじん切りにし、にんにくはつぶす。
2 鍋にオリーブオイルを熱して牛ひき肉を入れ、たまねぎ、にんにくを加えて炒める。香りが立ったら、薄力粉をふり入れ、粉っぽさがなくなるまで炒める。トマト水煮を手で崩しながら加え、塩、水600㎖を加える。煮立ったら、ときどき混ぜながら弱火で15分煮込む。
3 2を食べる分だけ別の鍋に移し、加熱しながらたまごを1個ずつ落とし入れる。胡椒をふる。

夜

チリコンカン

材料(作りやすい量)

簡単ビーフトマトスープ P.106の約⅔量(たまごなし)
じゃがいも 2個
ピーマン 1個
レッドキドニー(または他の豆)水煮 200g
チリパウダー 小さじ2
塩 適量

作り方

1 じゃがいも、ピーマンは食べやすい大きさに切る。
2 簡単ビーフトマトスープが入った鍋を中火にかけ、1、レッドキドニー水煮を加えて20分ほど煮込む。チリパウダーを加え、塩で味を調える。

お取りおきのお惣菜で楽しみに朝を迎える

餃子、かき揚げ、ミートボールなど、足りないことがないようにたっぷり用意したい人気者のお惣菜。でも、つい作りすぎて、ということもあります。

さっきまで、みんなに喜ばれて口に運ばれていたのに、満腹になって食べ切れなくなったとたん「残り物」扱いされるのは、どうも不本意なんですよね。

でも、「お取りおき」と考えれば話は別。明日の朝のためにあらかじめ人数分だけ大事に取り分けておいて、スープに入れてしまいましょう。朝起きて、手の込んだミートボールや餃子の入ったスープが食べられるのは、なんとも言えない楽しみです。保存容器に入れたお惣菜、ふたをしようとすると、ちょこんと座った様子がなんだか嬉しそうに見えるのは、こちらの心持ちのせいでしょうか。

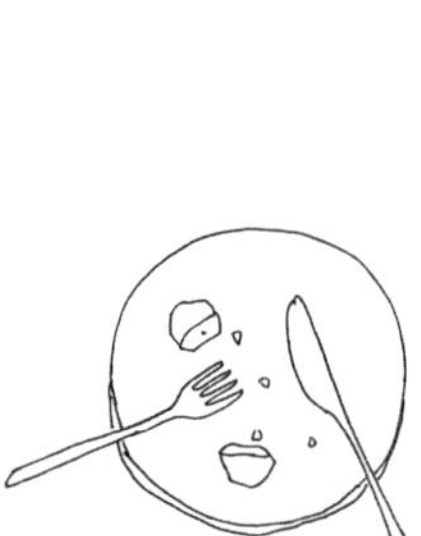

前の日の餃子で

餃子スープ

材料（2人分）

餃子（火を通していないもの）6個
鶏ガラスープの素 小さじ2
塩、胡椒 各適量
青ねぎ 適宜

作り方

1 鍋に鶏ガラスープの素、水400㎖を入れて火にかけ、温めて塩で味を調え、胡椒をふる。
2 別の鍋で餃子をゆで、1に加える。器に盛り、好みで、青ねぎを刻んでちらす。

前の日のかき揚げで

かき揚げのお味噌汁

材料(2人分)

かき揚げ(具はなんでも)　2枚
だし　350㎖
味噌　大さじ½

作り方

1 だしを鍋に入れて火にかけ、温まったら味噌を溶き入れる。
2 かき揚げはオーブントースターかフライパンで温める。
3 1を器に注ぎ、2のかき揚げをのせる。

前の日のミートボールで

ミートボール入り野菜クリームスープ

材料（1～2人分）

ミートボール 4個
A
- たまねぎ ¼個
- にんじん 3cm
- ズッキーニ ⅓本
- じゃがいも 小1個

薄力粉 大さじ1
サラダ油 大さじ1
牛乳 50mℓ
塩、胡椒 各適量

作り方

1 Aは約1cm角に切る。
2 鍋にサラダ油を熱し、たまねぎを炒め、続いてにんじん、ズッキーニ、じゃがいもを加えて焦げないように中火で炒める。薄力粉をふり入れ、弱火にして粉っぽさがなくなるまで炒め、水300mℓ、塩小さじ⅓を加えて5分煮る。
3 牛乳、ミートボールを加えて温め、塩で味を調え、胡椒をふる。

カレースープの素で朝カレーライフ

朝から食べたいカレー。前夜に大鍋で作っておくのもいいのですが、水を足して温めるだけで、おいしいカレーが食べられる「カレースープの素」を作ってみませんか？

野菜や肉、魚介などをしっかり炒め、塩やスパイスも入れたカレースープの素を作っておきます。食べる直前に水を加えるつもりで、作るときは水分を極力飛ばし、味付けも濃いめにしておくのがコツ。こうすれば冷蔵庫で3日もちます。

ほぼそのままごはんにかけ、カレーライスにして

身近なさば缶、トマト、そしてたっぷりのしょうがから、とても簡単に作れるさばカレー。鍋よりも、水分が飛びやすいフライパンで作るのが向いています。煮詰めて保存しておき、水を加えて温め直し、ごはんと一緒に。

カレーの素をさらっと水でのばし、具材を足して

クミンとカイエンヌペッパーをたっぷり使った、ラムと豆の辛いカレーは、どことなく北アジアをイメージしたもの。このカレーの素を作っておけば、水や切ったなすなどを足すだけで一品に。炒め物にもでき、使い勝手抜群です。

この状態で保存しておけば、スープにも カレーライスにもアレンジ可能

このスープの素の詳しい作り方は、P.114〜115へ

こぶみかんの香りでめざめる タイカレー風の魚介スープを

あさり、塩だら、えびをたっぷり入れたシーフードスープカレー。乾燥こぶみかんの葉を入れておくと、温まったとたんにタイ料理屋の香りがしてくるから不思議です。こぶみかんはバイマックルーとか、ライムリーフとも呼ばれます。

フルーツ入りカレーは パンと合わせても

バナナやパイナップル、干しぶどうなど、カレーと相性のよいフルーツを合わせたポークカレー。甘いだけではなく、胡椒をガッと効かせてあり、案外、大人のカレーです。食べるときは、さらにバナナの輪切りをのせたり、パンを添えたり。

4つのカレースープの素の作り方

さば缶とトマトのカレースープの素

材料（1～2人分）

さば水煮（缶詰）1缶
トマト 1個
カレー粉 大さじ1～2
ピーナツバター（無糖）大さじ1
しょうがのすりおろし（チューブ）1本（40g）
クミン（ホール）小さじ1
サラダ油 大さじ1
塩 適量

作り方

1. トマトは皮ごと刻む。
2. フライパンにサラダ油、クミンを入れ、弱火にかけて1分ほど、香りが立つまで焦がさないように炒る。
3. トマト、塩ひとつまみを加え、強めの中火にしてフライパンを動かしながら、水分を少し飛ばすように加熱する。カレー粉、ピーナツバター、しょうがのすりおろしを加えて、さらに煮詰める。
4. ペースト状になったら、水気を切ったさば水煮を加える。塩で味を調える。強火にして軽く水分を飛ばし、ペースト状になるまで加熱する。

ラムとひよこ豆のカレースープの素

材料（作りやすい量）

ラム肉（焼き肉用）200g
ひよこ豆水煮 150g
たまねぎ 大1個
トマト 1個
にんにく 1片
カレー粉 小さじ2
クミン（パウダー）小さじ2
カイエンヌペッパー（または一味唐辛子）小さじ1
塩、オリーブオイル 各適量

作り方

1. ラム肉は細かく切る。たまねぎは薄切り、トマトはざく切り、にんにくはみじん切りにする。
2. 鍋にクミン、オリーブオイル大さじ2を入れて中火にかける。香りが立ったらたまねぎ、にんにく、塩小さじ1を加えて炒め、続いてトマトを加えて水分を飛ばすように強火で炒める。カレー粉、カイエンヌペッパーを加えてさらに加熱し、全体がペースト状になるまで煮る。
3. フライパンにオリーブオイルを少量熱し、ラム肉に塩、カレー粉（分量外）を軽くふって炒める。
4. 2の鍋に3、ひよこ豆水煮を加え、かぶるぐらいの水を注いで弱火で30分ほど煮込む（途中、水が少なくなったら補う）。塩で味を調え、ペースト状になるまで煮詰める。

魚介とたけのこの カレースープの素

材料（作りやすい量）

あさり（砂抜き済み） 1パック分
塩だら（切り身） 3切れ
むきえび 100g
たけのこ（水煮） 150g
長ねぎ 1本
しょうがのみじん切り 大さじ1
カレー粉 大さじ½
こぶみかんの葉 8枚
パプリカパウダー 小さじ2
乾燥バジル 小さじ½
塩、サラダ油 各適量

作り方

1 たけのこ、長ねぎは食べやすい大きさに切る。塩だらは骨を取り除いてぶつ切りにする。
2 フライパンにあさり、水50mℓを入れてふたをし、中火にかけて口が開いたら、あさりを取り出し、蒸し汁も取っておく。フライパンにサラダ油少量を熱してむきえびを焼き、色がかわったら取り出す。たらも同じフライパンで軽く焼く。
3 鍋にサラダ油を多めに熱し、しょうがのみじん切り、長ねぎ、たけのこを順に加えて炒める。塩小さじ1、カレー粉、パプリカパウダー、乾燥バジルを加えて混ぜ合わせる。たら、えび、あさり、こぶみかんの葉も加え、水100mℓ、あさりの蒸し汁を入れてふたをし、蒸し煮にする。塩で味を調え、好みでバジルの葉（分量外）を飾る。

豚とフルーツの カレースープの素

材料（作りやすい量）

豚肉（肩ロース、バラなど） 300g
たまねぎ 2個
にんにく 1片
バナナ 1½本
パイナップル（缶詰） 2枚分
レーズン 30g
サラダ油 大さじ3
カレー粉 大さじ2
塩、胡椒 各適量

作り方

1 豚肉は一口大に切り、塩を軽くふる。たまねぎは薄切りにする。にんにくはつぶしてみじん切りにする。
2 鍋にサラダ油を熱し、たまねぎ、にんにくをじっくり炒める。茶色になり、やや焦げるぐらいになったら豚肉を加え、水500mℓ、塩小さじ1 ½を加えてアクを取り除きながら20分煮込む。
3 バナナ、パイナップルを刻み（パイナップルは飾り用に6〜8片を取り分けておく）、レーズンとともに**2**の鍋に加え、カレー粉も加えて混ぜ、さらに10分煮込む。塩で味を調え、胡椒をしっかりふる。ペースト状になるまで煮詰める。飾り用のパイナップルをのせる。

キャベツ、にんじん、いも。常備野菜の底力

なにしろ、1年365日です。朝ごはんは毎日のものですが、いつもいつでも、冷蔵庫に食べ物がたくさん詰まっているわけではありません。たいてい、朝起きてから何にしようと迷い、数少ない食材をにらんで、あれこれ知恵を絞ります。

　だからこそ大切な、常備野菜。キャベツ、にんじん、じゃがいもやさつまいもなど。キッチンの片隅でいつも待機している常備野菜

の存在がなかったら、私の朝のスープはきっと続いていませんでした。

　いったい何十種類のキャベツ、にんじん、いも類のスープを作ってきたか。定番のスープはもちろん、キャベツなら、焼いて煮込んで。にんじんをオレンジと合わせて。じゃがいもを千切りにして。常備野菜を主役にしたいろいろなスープのレパートリーも増えて、ありふれた野菜と思っていた彼らの別の表情が見えてきました。

　控えめながら、台所の主ともいえる存在です。とことん食べつくしましょう。

常備野菜 その1 キャベツを食べつくす

葉物野菜の中でも保存性のよいキャベツ。そのものをシンプルに味わい、食べつくしましょう。

ほぼキャベツだけテリーヌ

型に入れて蒸したキャベツを、コンソメに入れて。凝っているように見えて、キャベツの葉を重ねただけとシンプルです。

好相性のブロッコリーと一緒に

アブラナ科のキャベツとブロッコリーは相性ぴったり。どちらもが甘い冬なら、オリーブオイルと塩だけでおいしく食べられます。

縮れた葉にスープを絡ませ

縮れた葉が特徴のちりめんキャベツ。葉脈にスープが絡むので、煮込み料理に向いています。ベーコンのうまみを移して。

なめらかなポタージュで

柔らかいキャベツを、なめらかで甘いポタージュにしました。キャベツのごまあえをトッピングしています。隠し味は、なんと抹茶。

カレー味の変わりポトフに

焼き目をしっかり付けた塩漬けの豚バラ肉、そしてキャベツを、スパイシーなカレー煮込みに仕上げました。

やっぱりロールキャベツ！

トマト味のロールキャベツはみんな大好物。しっかりと巻いて、鍋にきっちりと隙間なく並べるのが作るときのコツ。

やさしい春の組み合わせ

グリーンのキャベツとピンクの桜えびを組み合わせた美しい春のコンビネーション。ミルクでやさしく仕上げます。

酸っぱ辛い魅惑の味

千切りキャベツを酢とラー油で酸辣湯風に仕上げたスープ。口の中でかさばりがちなキャベツがすっと食べられます。

上記スープの詳しい作り方は、P.138～139へ

常備野菜 その2 にんじんを見直す

料理の脇役として彩りを添えることが多い、にんじん。
でも実は、主役級の存在感を放つスープができるのです。

オレンジでさわやか

色の同じふたつの素材を合わせたスープ。にんじんの甘みとオレンジの酸味が出合い、新鮮、そしておいしいスープになりました。

にんじんをストレートに！

にんじんをオリーブオイルを使って蒸し煮にし、水を加えただけの、グラッセみたいなスープです。円が重なったかわいいビジュアル。

白ごまで新鮮お味噌汁

細切りのにんじんを入れ、白ごまでコクを加えた味噌汁。にんじんの色が映えるように白味噌を使っています。

コロコロお豆がかわいい

形のかわいいひよこ豆。それに合わせてにんじんも小さくコロッと切ります。ふたつが口に同時に入ってくるところが楽しいんです。

新にんじんの季節に

葉付きの新にんじんが届いて、すぐ作りたくなった一品。みずみずしさに感謝しつつ、他の野菜は加えない、超シンプルなポタージュに。

形を変えると新鮮です

輪切りや千切りとはまた違う、ささがき。この形に切ると、にんじんの味が一番よく味わえるかも。火の通りもよいのです。

太陽の恵みを感じるスープ

にんじんに、干しあんずとオレンジというフルーツを合わせたポタージュ。ひまわりみたいな太陽をイメージして作りました。

和風ポタージュ

見るからに元気になれそうなビタミンカラーが、にんじんの大きな魅力。色みの似たかぼちゃと合わせて、より鮮やかなオレンジに。

上記スープの詳しい作り方は、P.139〜140へ

常備野菜 その3 おいもに感謝する

じゃがいも、里いも、さつまいも。ほっこりした包容力が頼もしい。
「いつもスープの仲間を支えてくれて、ありがとう」という気持ちで。

青々としたハーブをたっぷり

じゃがいものポタージュに、ディルをたっぷりのせて。パン、できればカンパーニュに付けて食べようと作ったポタージュです。

ミルクでほろほろ

ミルクとベーコンでゆっくりコトコト煮込んだじゃがいも。角が崩れてほろほろっと口の中で溶けるところがおいしいのです。

これも、じゃがいも？

そうなんです。スライサーで千切りにしたメークインのスープに、黒のすりごまを入れました。さっと煮て、シャキッとした食感を残して。

とろみが全体を上手になじませる

こんがりフライパンで焼いた「インカのめざめ」。和だしに入れてみました。スープにとろみを付けたらうまくなじんで大成功。

これが天然の秋色

皮付きのさつまいも、にんじん、かぼちゃを拍子木に切って静かにブイヨンの中で煮ました。野菜の甘さと色が出ています。

里いもには、長ねぎでしょう

里いもと長ねぎは、長年連れ添った夫婦のよう。ポタージュになっても、それぞれが主張しすぎずに、お互いをよく引き立て合います。

つぶつぶがアクセント

さつまいもとじゃがいもをミックスしたミルクポタージュです。トッピングにもふたつのおいもを小さく切ってのせています。

長いもと梅干しのお吸い物

薄くスライスした長いもの白に、梅干しの赤。黒い器に盛り付けたら、とても美しいお吸い物が出来上がりました。レシピは簡単。

上記スープの詳しい作り方は、P.140〜141へ

冷蔵庫の迷子を救う、野菜食べ切りスープ

冷蔵庫で迷子になっていたような野菜を、おいしく楽しく。むしろ制約のある朝のほうが、創造的なスープができる感じがしています。

鍋物の季節に余りがちな白菜の芯は、柔らかくてスープ向き。じっくり豆乳で煮込んだ豆乳スープはやさしさ極まる、朝向けの味です。

少ししなびたキャベツやにんじんだって、うまく火を通せば十分鮮やか。元気が出るビタミンカラーの端野菜が揃うと、素敵なスープに変身させられます。

白菜の豆乳スープ
かけごはん

材料（1人分）

白菜の内葉の部分 ¼個分
豆乳 200mℓ
ごま油 大さじ1
塩、ラー油、ごはん 各適量

作り方

1 白菜の内葉の部分は繊維を断つ方向の細切りにする。鍋にごま油を熱し、白菜に焼き色が付かないように炒める。しんなりしたら、豆乳、水200mℓ、塩ひとつまみを加えて弱火で煮込む（豆乳でゆっくり煮込んでおいしさを出すため、多少の分離は気にせずに）。

2 1のスープが半量ぐらいまで煮詰まったら、塩で味を調える。

3 ごはんを器に盛り、2をかけ、ラー油をたらす。

野菜のコンソメ

材料(作りやすい量)

キャベツ ¼個
にんじん ½本
パプリカ(黄) ½個
ブイヨン(P.132) 計500ml
塩 適量

作り方

1 キャベツとパプリカは2cm角に切り、にんじんは縦の薄切りにしてから、2cm角に切る。

2 キャベツ、にんじんを鍋に入れ、ブイヨン50ml、塩小さじ½を入れて中火にかける。ぴったりふたをして8分ほど加熱し、パプリカを加えて再度ふたをし、2分蒸し煮にする。

3 残りのブイヨンを注ぎ、温める。塩で味を調える。

缶詰や乾物でチャチャッとサバイバルスープ

ピンチのときこそ、アイデア料理が浮かぶもの。冷蔵庫が寂しいときは、缶詰や乾物を使って手軽に楽しいスープを作りましょう。市販の加工品にはすでにうまみや味がかなり付けられているので、それをいかし、ありあわせの野菜を組み合わせて考えます。

焼鳥の缶詰は、だいこんと合わせた塩スープに。焼鳥からうまみが出て、しかもそれをだいこんが吸ってくれるという一石二鳥。レモンをたらして味をキュッと引き締めます。

また、トマトとにんにくを使って、どことなく南仏風に仕立てたスープに入れたのは、さきいか。いかを干したものなので、いいだしがたっぷり出ます。朝だけでなく、飲み会のあとに出しても、話題になってくれるスープです。

焼鳥缶詰とだいこんのスープ

材料(2人分)

焼鳥(塩味の缶詰) 1缶
だいこん 5cm
塩、レモン、七味唐辛子 各適量

作り方

1 だいこんは1.5cm角に切って鍋に入れる。水100mℓを加えて中火にかけ、ふたをして10分、蒸し煮にする。

2 だいこんが柔らかくなってきたら、焼鳥、水300mℓ、塩ひとつまみを加える(焼鳥の缶に残った汁も水でそそぐようにして残さず加える)。さらに10分ほど煮て、塩で味を調える。

3 火を止め、レモンを搾って果汁を加える。器に盛り、レモンをいちょう形に切って飾る。七味唐辛子をふる。

さきいかとトマトのスープ

材料(2人分)

さきいか 15g
トマト 2個
にんにく 1片
オリーブオイル 大さじ2
塩、胡椒 各適量

作り方

1 さきいかは浸かるぐらいの水に1時間ほど浸す(時間のないときは水に浸したまま電子レンジで1分加熱する)。トマトはざく切りにし、にんにくはつぶす。

2 トマト、にんにく、塩ひとつまみを鍋に入れ、オリーブオイルを回しかけて火にかけ、ピュレ状になるまで煮る。

3 さきいかの漬け汁を2の鍋に加え、さきいかを細かく刻んで加える。水を少しずつ加えて好みの濃度にして、アクを取り除きながら温める。塩で味を調えて器に盛り、胡椒をふる。

いつもとちょっと違うスープ歳時記

以前から、年中行事に大勢の人が参加するようになっているような気がします。他の人と同じ日に同じことをする楽しさが共有しやすくなったせいでしょうか。

年が明けたら、おせち、七草粥、鏡開き、あずき粥……。行事食は、ふだんの食卓に取り入れにくい味付けのものが多いかもしれません。でも大事なのは、暦が教えてくれている、季節の体と食べ物の関係。たとえば、七草粥は胃腸をいたわる。そんな先人の知恵をくみ取って、自由にアレンジしたら、もっと楽しくなりそうです。

洋風七草雑炊

材料(2人分)

七草セット(市販のもの) 1パック
ブイヨン(P.132) 400mℓ
ごはん 茶碗1杯分
オリーブオイル 小さじ2
塩、胡椒 各適量

作り方

1 七草セットのかぶやミニだいこんは食べやすい大きさに切り、葉物類はざく切りにする。
2 鍋にかぶとミニだいこんを入れ、水大さじ2と塩ひとつまみを加え、オリーブオイルを回しかけて中火にかける。ぴったりとふたをして2～3分加熱し、ブイヨンを注いで温める。
3 2にごはんを加え、塩で味を調える。葉物類を加え、ひと呼吸おいて火を止める。胡椒をふる。

巻末付録

さらに知って嬉しい、スープの基本とレシピ

スープをおいしくするコツと鍋

朝の料理時間を短くしたいと思ってあれこれ試して、たどりついたのが、野菜などを少量の水または油で「蒸し煮」や「炒め煮」にしてから、水や「だし」（P.１３２〜１３３）を足すという方法でした。朝だと強い匂いがちょっと気になるたまねぎなども、このひと手間で香りよく食べられます。

蒸し煮に向くのは、まず、ふたがしっかりできる鍋、それと、鋳物や多重構造などの厚い鍋。薄い鍋だと蒸発が早いので、根菜などを煮るときは、ときどき水を足してあげてくださいね。

あっさりしていておいしいブイヨン、つまり洋だしがあれば、食生活がぐっと充実したものになります。鶏ガラなどでちゃんと取った本格派でなくても、おなじみの鶏手羽先を使った略式ブイヨンで十分。洋食だけでなく、中華などにも幅広く活躍します。

鶏手羽先を下ゆですることで生臭さが抜け、にごりのないスープのベースになってくれます。残った固形部分、つまりだしがらの手羽先も、スープの具に、またはからっと揚げて塩、胡椒をたっぷりふって、どうぞ。

鶏ブイヨン

材料（出来上がり約600mℓ）

鶏手羽先 6本
長ねぎの青い部分 1本分
塩 計小さじ1½

作り方

1. 鶏手羽先に塩小さじ1をすり込み、1時間ほど置く。
2. **1**を鍋に入れ、ひたひたの水を加えて火にかけ、煮立って肉の色がかわったら湯を捨てる。
3. 鍋に**2**の鶏手羽先、長ねぎの青い部分（大きければ切る）、水800mℓ、塩小さじ½を入れて中火にかけ、煮立ったら弱火にし、アクを取り除きながら40〜50分煮る。ざるなどでこす。

時間のないときは
市販コンソメで

ブイヨンは、顆粒やキューブのコンソメの素を水や湯に溶いて代用できます。パッケージなどに記載された、メーカーの決まりの量にしたがって。製品によって塩分量が違うので、味付けのときに塩を少なめにするなど、調整を。

和だしにもいろいろありますが、一番ポピュラーなのは、昆布とかつおのものではないでしょうか。私は、ふだん夜に作っておくのですが、本当にたまに、早朝に思い立って取っています。大きな鍋にゆらゆら昆布、そして、ふわりとかつおぶし。まだ家族も起きてこない朝の静かな時間は、誰にも邪魔されず、ゆったり落ち着いて鍋の前に構えていられます。そうして取れた「だし」のおいしさも嬉しいけれど、鍋の前で心をからっぽにしていられる時間こそが貴重なのかもしれません。

昆布かつおだし

材料（出来上がり約800㎖）

昆布 10g
かつお削りぶし 20g

作り方

1 鍋に水1000㎖を量り入れ、昆布を30分ほど浸しておく。
2 鍋を火にかけ、昆布に泡がぷつぷつ付いたら、鍋から取り出す。鍋の中が煮立ったら、かつおぶしを加えて20秒ほど数え、火を止める。
3 かつおぶしが沈んだら、目の細かいざるでこす。

昆布とかつおぶし

昆布もかつお節もいろいろな種類がありますが、まずは手近なもので。かつおぶしは小さなミニパックでは追いつかないので私は「花がつお」と呼ばれる削りぶしを使っています。

まだある！めざましスープのレシピ

だいこん、きくらげ、干ししいたけのスープ
【P.23右上】

材料(2人分)
だいこん　6cm
乾燥きくらげ　3g
干ししいたけ　2枚
ごま油、塩　各適量

作り方
1　干ししいたけと乾燥きくらげはひたひたの水に浸して戻す。食べやすい大きさに切り、干ししいたけの戻し汁は水を加えて300mℓにする。だいこんは3cm長さの拍子木に切る。
2　鍋にごま油を少量熱し、だいこん、しいたけを中火で2分炒める。きくらげ、水を加えた戻し汁、塩小さじ½も加えてふたをし、5分煮る。だいこんが柔らかくなったら、塩で味を調える。

レンズ豆とごぼうのスープ
【P.23右下】

材料(2人分)
乾燥レンズ豆　100g
A ごぼう　½本
A たまねぎ　¼個
A にんにく　1片
オリーブオイル　大さじ1
塩、胡椒　各適量

作り方
1　Aはみじん切りにする。
2　鍋ににんにく、たまねぎ、オリーブオイルを入れて中火にかけ、よく炒める。ごぼう、乾燥レンズ豆を加えてさらに炒め、水100mℓ、塩小さじ½を加え、ふたをして3分蒸し煮にする。
3　さらに水400mℓを加え、レンズ豆が柔らかくなるまで煮る。途中、水が少なくなっていたら補う。塩で味を調え、胡椒をふる。

にんじん、かぼちゃ、たまねぎのスープ
【P.22左上】

材料(2人分)
たまねぎ　¼個
にんじん　½本
かぼちゃ　⅛個(約200g)
塩　適量

作り方
1　たまねぎ、にんじん、かぼちゃは薄切りにする。
2　鍋にたまねぎ、水大さじ1を入れ、中火にかける。ふたをして1分、蒸し煮にする。ふたを開け、水分を飛ばす。
3　にんじん、水100mℓを加え、再度ふたをして4分加熱する。かぼちゃ、水200mℓ、塩小さじ½を加え、7分加熱する。塩で味を調える。

夏野菜スープ
【P.22左下】

材料(2人分)
A たまねぎ　¼個
A にんじん　4cm
A カラーピーマン(赤、黄)　各½個
A ズッキーニ　½本
塩　適量

作り方
1　Aはみじん切りにする。
2　鍋にたまねぎ、にんじん、ズッキーニ、水50mℓ、塩小さじ½を入れ、ふたをして中火にかける。2分蒸し煮にし、カラーピーマンを加え、さらに1分加熱する。水300mℓを加えて煮立て、塩で味を調える。

P.22〜23
シンプルスープのバリエーション

長ねぎと里いものスープ
【P.22右上】

材料(2人分)
里いも　5個
長ねぎ　½本
ごま油　大さじ1
塩　小さじ⅓
醤油　適量

作り方
1　里いもは皮をむいて、約1cm幅に切る。さっとゆで、水にさらしてざるに上げる。長ねぎはみじん切りにする。
2　鍋にごま油を熱し、長ねぎを中火で2分ほど焦がし気味に炒める。
3　里いも、水400mℓ、塩を加え、里いもが柔らかくなるまで煮る。醤油で味を調える。

青い豆のスープ
【P.22右下】

材料(2人分)
青い豆(いんげん、グリーンピース、そら豆などを合わせて)　正味200g
たまねぎ　¼個
菜種油、塩　各適量

作り方
1　青い豆でさや、薄皮が硬いものは取り除き、そうでないものは筋やヘタを取り除く。長ければ食べやすい長さに切る。たまねぎは薄切りにする。
2　鍋に菜種油を少量熱し、たまねぎを炒める。しんなりしたら1の豆を加え、水100mℓ、塩小さじ½を加えてふたをし、8〜10分蒸し煮にする。
3　さらに水200mℓを加えて煮立て、塩で味を調える。

トマトクリームスープ
【P.58左上】

材料(2人分)
トマト　小2個(約200g)
たまねぎ　¼個
薄切りベーコン　2枚
薄力粉　大さじ1
牛乳　50mℓ
オリーブオイル、塩、胡椒　各適量

作り方
1 たまねぎは薄切り、トマトはざく切りにする。薄切りベーコンは3cm幅に切る。
2 鍋にオリーブオイル少量を熱し、たまねぎを中火で1分炒める。トマト、塩小さじ⅓を加えてふたをし、8分蒸し煮にする。途中ふたを開け、水が少なくなっていたら補う。
3 薄力粉を加えて弱火にし、粉っぽさがなくなるまで混ぜる。水250mℓを加えて煮立て、牛乳を加える。塩で味を調え、胡椒をふる。ベーコンをフライパンでカリカリに焼いて浮かべる。

豚肉とズッキーニのクリームスープ
【P.58左下】

材料(2人分)
豚ロース厚切り肉　1枚
ベーコン　20g
A
キャベツの葉　1枚
たまねぎ　¼個
ズッキーニ　½本
にんじん　⅓本
セロリの茎　¼本
薄力粉　大さじ1
牛乳　80mℓ
オリーブオイル　大さじ1
塩、胡椒　各適量
バゲット　適宜

作り方
1 豚ロース厚切り肉は1cm角に切り、ベーコン、**A**はすべて7mm角に切る。
2 鍋に豚肉とベーコン、オリーブオイルを入れて炒め、豚肉の色がかわったら残りの**1**を加え、たまねぎが透き通るまで炒める。薄力粉をふり入れて弱火にし、粉っぽさがなくなるまで炒める。水400mℓ、塩小さじ⅓を加えて5分煮る。
3 牛乳を加え、塩で味を調え、胡椒をふる。好みで、バゲットを乱切りにし、オーブントースターで焼いて添える。

P.58～59
とろり、さらり、具は自在。四季のクリームスープ

キャベツとチーズのクリームスープ
【P.58右上】

材料(2人分)
キャベツの葉　3枚
たまねぎ　¼個
薄力粉　大さじ1
牛乳　50mℓ
粉チーズ　大さじ1
サラダ油、塩、胡椒　各適量

作り方
1 キャベツの葉は食べやすい大きさに切る。たまねぎはみじん切りにする。
2 鍋にサラダ油を少量熱し、たまねぎを中火で1分炒める。キャベツ、水大さじ2を加え、ふたをして3分蒸し煮にする。薄力粉をふり入れて弱火にし、粉っぽさがなくなるまで炒める。
3 水300mℓ、塩ひとつまみを加えて5分煮て、牛乳、粉チーズを加える。塩で味を調え、胡椒をふる。

春野菜クリームスープ
【P.58右下】

材料(2人分)
にんじん　½本
グリーンピース(粒)　50g
スナップえんどう　6本
新じゃがいも　小5個(200g)
薄力粉　大さじ2
バター　10g
牛乳　50mℓ
塩、胡椒　各適量

作り方
1 にんじんは薄切りにし、新じゃがいもは芽や変色部分があれば取り除き、皮をよく洗って2～4等分に切る。スナップえんどうは筋を取り除く。
2 鍋ににんじん、じゃがいも、水100mℓ、バターを入れて中火にかけ、煮立ったらふたをして7分蒸し煮にする。グリーンピース、スナップえんどうも加えて再度ふたをして3分加熱する。途中ふたを開け、水が少なくなっていたら補う。
3 薄力粉をふり入れて弱火にし、粉っぽさがなくなるまで混ぜる。水400mℓ、塩小さじ½を加えて煮立て、牛乳を加える。塩で味を調え、胡椒をふる。

ピーマンとひき肉のスープ
【P.23左上】

材料(2人分)
ピーマン　3個
豚ひき肉　60g
ごま油　小さじ2
片栗粉　小さじ1
塩、胡椒　各適量

作り方
1 ピーマンはみじん切りにする。
2 鍋にごま油を少量熱し、豚ひき肉を炒める。色がかわったらピーマンを加えて炒め、水350mℓ、塩小さじ½を加えて煮立てる。片栗粉は水小さじ1で溶く。
3 鍋に水溶き片栗粉を加えながら混ぜ、塩で味を調え、胡椒をふる。

根菜と煮干しのスープ
【P.23左下】

材料(2人分)
A
れんこん　½節(約75g)
ごぼう　½本
里いも　2個
煮干し　4～5本(7g)
ごま油、醤油、胡椒　各適量

作り方
1 **A**は薄切りにして水にさらし、ざるに上げる。
2 鍋にごま油を少量熱し、**1**を炒め、水400mℓ、煮干しを加える。煮立ったら弱火にし、4～5分煮る。
3 醤油で味を調え、胡椒をふる。好みでゆず皮(分量外)を飾る。

P.88～89
絵を描くように！
自由気ままにスープアート

パプリカのポタージュ
【P.88右上】

材料(2人分)
パプリカ(赤、黄)　各1個
たまねぎ　½個
オリーブオイル、塩、胡椒　各適量

作り方
1 たまねぎは薄切りにし、パプリカは約7㎜幅に切る。
2 鍋にオリーブオイルを熱し、たまねぎを中火で2分炒め、パプリカを加えて炒める。水50㎖、塩小さじ⅓を加えてふたをし、弱めの中火で4～5分煮る。飾り用にパプリカを3～4片取り分けて刻む。
3 鍋にハンドブレンダーをかけ、水を少しずつ加えて好みの濃度にする。塩で味を調え、胡椒をふる。器に盛り、飾り用のパプリカをちらす。

●

なすのスープ
【P.88右下】

材料(2人分)
なす　2本
たまねぎ　½個
ブイヨン(P.132)　300㎖
オリーブオイル　大さじ2
塩、胡椒　各適量

作り方
1 たまねぎはみじん切りにし、なすは皮をピーラーでむいて乱切りにする。飾り用に皮を少量取って塩少々をもみ込む。
2 鍋にオリーブオイルを熱し、たまねぎを中火で1分炒め、続いてなすを炒める。全体がしんなりしたらブイヨン、塩小さじ½を加え、煮立ったら3～4分加熱し、塩で味を調え、胡椒をふる。
3 器に盛り、飾り用のなす皮を細切りにして、割りばしなどに巻きつけて丸めて浮かべる。

●

白菜としいたけの中華風クリームスープ
【P.59左上】

材料(2人分)
白菜　150g
しいたけ　3枚
ブイヨン(P.132)　350㎖
豆乳　50㎖
片栗粉　小さじ2
ごま油、塩、胡椒　各適量

1 白菜は繊維を断つ方向に5㎝幅に切ってから拍子木に切る。しいたけは薄切りにする。
2 鍋にごま油少量を熱し、白菜、しいたけを中火で炒め、ブイヨン、塩小さじ1/3を加える。煮立ったら5～6分加熱する。片栗粉は水小さじ2で溶く。
3 鍋に豆乳を加えて温め、水溶き片栗粉を加えながら混ぜる。塩で味を調え、胡椒をふる。

●

カリフラワーと豆乳のスープ
【P.59左下】

材料(2人分)
カリフラワー　½個
長ねぎ　1本
豆乳　500㎖
塩　小さじ½
ごま油　適量

作り方
1 カリフラワーは小房に分け、長ねぎはみじん切りにする。
2 鍋にごま油を少量熱し、長ねぎを色付くまで炒める。カリフラワー、豆乳、塩を加え、煮立ったら弱火にして20分ほど、⅔量になるぐらいまで静かに煮る。

里いも、長ねぎ、ベーコンのミルクスープ
【P.59右上】

材料(2人分)
里いも　6個
長ねぎ　½本
薄切りベーコン　50g
薄力粉　小さじ1
牛乳　80㎖
サラダ油、塩　各適量

作り方
1 里いもは1㎝幅に切り、水にさらしてざるに上げる。長ねぎはみじん切りにし、薄切りベーコンは3㎝幅に切る。
2 鍋にサラダ油少量を熱し、長ねぎ、ベーコンをさっと炒める。薄力粉をふり入れ、粉っぽさがなくなるまで炒める。
3 水300㎖、里いも、塩小さじ⅓を加え、煮立ったら中火で8分ほど加熱する。牛乳を加えて温め、塩で味を調える。

●

鶏ごぼうクリームスープ
【P.59右下】

材料(2人分)
鶏もも肉　200g
ごぼう　½本
たまねぎ　½個
薄力粉　大さじ1½
牛乳　80㎖
バター　10g
塩、胡椒　各適量

作り方
1 鶏もも肉は一口大に切り、塩小さじ½をもみ込む。ごぼうは2.5㎝長さに切る。たまねぎは薄切りにする。
2 鍋にバターを熱して鶏肉を中火で炒め、たまねぎを加え、1分炒める。薄力粉をふり入れて弱火にし、粉っぽさがなくなるまで炒める。水400㎖、ごぼうを加えて10～15分煮込む。
3 牛乳を加え、塩で味を調えて胡椒をふる。

●

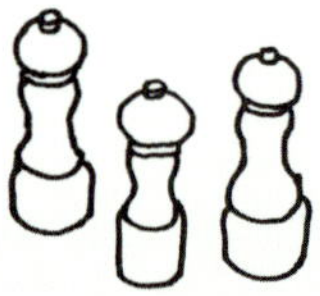

ごぼうの和風コンソメ
【P.89左上】

材料(2人分)
ごぼう　½本
ブイヨン(P.132)　400mℓ
塩　小さじ⅓
醤油、あられ　各適量

作り方
1 ごぼうはささがきにする。
2 鍋にブイヨンを入れて火にかけ、ごぼうを加えて煮る。塩を加え、醤油で味を調える。
3 器に盛り、あられをちらす。

アボカドとヨーグルトのポタージュ
【P.89左下】

材料(2人分)
アボカド　1個
ヨーグルト　計大さじ4
オリーブオイル　大さじ1
塩　適量

作り方
1 アボカドは種と皮を取り除き、ざく切りにする。
2 鍋にオリーブオイルを熱してアボカドを中火で1〜2分炒め、しんなりしたら水200mℓ、塩小さじ⅓を加えて3分煮る。ヨーグルト大さじ3を加えてハンドブレンダーをかけ、塩で味を調える。
3 器に盛り、残りのヨーグルトをスプーンで少しずつ落とす。

紫キャベツのポタージュ
【P.89右上】

材料(2人分)
紫キャベツ　¼個
たまねぎ　¼個
オリーブオイル　大さじ1
塩、生クリーム、パプリカパウダー　各適量

作り方
1 紫キャベツはざく切りに、たまねぎは薄切りにする。
2 鍋にオリーブオイルを熱し、たまねぎを炒める。紫キャベツも加えて炒め、しんなりしたら水400mℓを加えて中火で6〜7分煮る(煮すぎると色があせるので注意)。
3 ハンドブレンダーをかけ、水を少しずつ加えて好みの濃度にする。塩で味を調える。生クリームを回しかけ、パプリカパウダーをふる。

ビーツのポタージュ
【P.89右下】

材料(2人分)
ビーツ　1個
たまねぎ　¼個
バター　20g
塩、胡椒、サワークリーム　各適量

作り方
1 ビーツは皮をむいて薄切りにする。たまねぎも薄切りにする。
2 鍋にバター、たまねぎを入れて中火にかけ、焦げ付かないように2〜3分、たまねぎがしんなりするまで炒める。ビーツ、水50mℓ、塩小さじ½を加え、ふたをして蒸し煮にする。ビーツが柔らかくなったら飾り用に2片を取り出し、鍋に水100mℓをさらに加える。ハンドブレンダーをかけ、水を少しずつ加えて好みの濃度にする。塩で味を調え、胡椒をふる。
3 器に盛り、飾り用のビーツをのせ、サワークリームをスプーンですくってのせる。

紅玉りんごのポタージュ
【P.88左上】

材料(2人分)
紅玉りんご　2個
たまねぎ　¼個
バター　20g
塩　適量

作り方
1 紅玉りんごは皮をむいていちょう切りにし、飾り用に皮を少量取って四角く切る。たまねぎは薄切りにする。
2 鍋にバターを入れ、たまねぎを焦げ付かないように2分炒める。りんごを加えてさらに炒め、りんごがしんなりしたら300mℓの水と塩ひとつまみを加え、15分ほど煮る。
3 ハンドブレンダーをかけ、水を少しずつ加えて好みの濃度にする。塩で味を調える。器に盛り、りんご皮を飾る。

じゃがいもと青ねぎの和風スープ
【P.88左下】

材料(2人分)
じゃがいも　2個
青ねぎ　5〜6本
だし　300mℓ
塩　適量

作り方
1 じゃがいもは薄切りにして水にさらし、ざるに上げる。青ねぎは3cm長さに切る。
2 鍋にだし、じゃがいもを入れて弱めの中火にかけ、6〜7分煮る。塩で味を調える。
3 器にじゃがいもを入れ、残りの**2**を注ぐ。青ねぎを縦横に置く。

P.118〜119
常備野菜その1 キャベツを食べつくす

キャベツとブロッコリーのスープ
【P.118右上】

材料(2人分)
キャベツの葉　2枚
ブロッコリー　¼株(約100g)
たまねぎ　¼個
オリーブオイル　大さじ1
塩、胡椒　各適量

作り方
1 キャベツの葉は2〜3cm角の色紙切りにし、ブロッコリーは小房に分け、芯は薄切りにする。たまねぎは薄切りにする。
2 鍋にたまねぎとブロッコリーの芯、オリーブオイルを入れて中火にかける。2分加熱し、キャベツ、ブロッコリーの小房、塩小さじ½を加えて混ぜ、水100mℓを加える。ふたをして弱めの中火にし、6〜8分加熱する。
3 水400mℓをさらに加え、煮立ったら塩で味を調え、胡椒をふる。

●

キャベツのポタージュ
【P.118右下】

材料(2人分)
キャベツ　¼個
たまねぎ　¼個
オリーブオイル　大さじ1
抹茶　少々
塩、白ごま　各適量

作り方
1 キャベツはざく切りに、たまねぎは薄切りにする。
2 鍋にオリーブオイルを熱し、たまねぎを中火で1分炒める。キャベツを加えて炒め、しんなりしたら水100mℓ、塩小さじ½を加えてふたをし、10分ほど蒸し煮にする。キャベツは飾り用に少量を取り出す。
3 鍋に水200mℓ、抹茶を加えてハンドブレンダーをかける。水を少しずつ加えて好みの濃度にし、塩で味を調える。器に盛り、飾り用のキャベツに白ごまを混ぜてのせる。

●

キャベツのコンソメ
【P.118左上】

材料(2人分)
キャベツの葉　8〜10枚
ハム　50g
ブイヨン(P.132)　400mℓ
塩　小さじ⅓

作り方
1 キャベツの葉はさっとゆで、流し缶(またはステンレス角型など)の幅に合わせて切り、葉を重ねながら詰める。蒸し器で10分蒸し、冷ます。
2 ハムは粗みじんに切っておく。鍋にブイヨンを入れて火にかけ、ハム、塩を加えて温める。
3 1を崩さないように切り分け、2に加えて静かに温める。

●

ちりめんキャベツとベーコンのスープ
【P.118左下】

材料(2人分)
ちりめんキャベツの外葉　3枚
ベーコン　60g
ブイヨン(P.132)　400mℓ
塩、胡椒　各適量

作り方
1 ちりめんキャベツの外葉、ベーコンは2cm幅に切る。
2 鍋に1、水50mℓ、塩小さじ⅓を入れて中火にかけ、15分ほど蒸し煮にする。途中ふたを開け、水が少なくなっていたら補う。
3 ブイヨンを加えて温める。塩で味を調え、胡椒をふる。

●

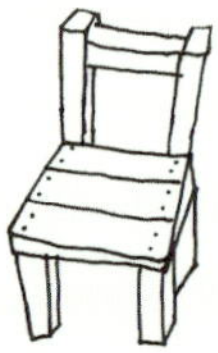

ロールキャベツ
【P.119右上】

材料(作りやすい分量)
合いびき肉　400g
たまねぎ　½個
パン粉　40g
キャベツ　1個
トマト水煮(缶詰)　1缶
サラダ油、塩、胡椒　各適量

作り方
1 たまねぎはみじん切りにし、少量のサラダ油を熱したフライパンで炒める。パン粉に水50mℓをしみ込ませる。
2 合いびき肉に塩小さじ⅓を加えてよく練り、粘りが出たら、1を加えて混ぜる。
3 キャベツは芯のまわりに包丁でぐるりと切れ込みを入れておく。大きな鍋に湯を沸かし、キャベツの葉を1枚ずつはがしながらゆでる。
4 3のキャベツの葉に2を分けてのせ、手前からひと巻きし、左右を折りたたんでから最後まで巻く(葉が足りなければ小さな葉を重ねる)。
5 4の巻き終わりを下にして、鍋にぎゅうぎゅうに並べ入れる。トマト水煮(手で崩しながら、汁ごと)を加え、さらにひたひたの水、塩小さじ½を加え、40〜50分煮込む。塩で味を調え、胡椒をふる。

●

酸辣湯風キャベツスープ
【P.119右下】

材料(2人分)
キャベツ　⅛個
にんじん　5cm
長ねぎ　½本
ごま油　大さじ1
鶏ガラスープの素　小さじ1
酢　小さじ2
塩、ラー油、白ごま　各適量

作り方
1 キャベツ、にんじん、長ねぎはそれぞれ千切りにする。
2 鍋にごま油を熱し、1をしんなりするまで炒める。水400mℓ、鶏ガラスープの素、塩小さじ½を加えて煮る。
3 酢を加えてラー油をふり、塩で味を調える。白ごまをふる。

●

2 にんじんは、皮やヘタとともに鍋に入れ、水50mℓを加えて中火にかける。煮立ったら弱火にし、にんじんが深い色にかわったら、皮とヘタを取り除き、水300mℓ、塩を加える。オレンジの果肉、オレンジ果汁も加えて温める。

●

にんじんのごま味噌汁
【P.120左下】

材料(2人分)
にんじん　小1本
だし　400mℓ
白味噌　大さじ2
白ごま　少々

作り方
1 にんじんは4cm長さ、マッチ棒ほどの太さに切る。
2 鍋にだしを入れて火にかけ、にんじんを加えて煮る。
3 白味噌を溶き入れ、白ごまをふる(炒りごまでも、すりごまでもおいしい)。

●

ささがきにんじんのコンソメ
【P.121右上】

材料(2人分)
にんじん　1本
たまねぎ　¼個
サラダ油　大さじ1
ブイヨン(P.132)　計400mℓ
塩　適量

作り方
1 にんじんは、縦4等分に切ってから、ささがきにする。たまねぎは薄切りにする。
2 鍋にサラダ油を熱し、たまねぎを中火で1分炒め、にんじんを加えて混ぜる。ブイヨン100mℓを加えてふたをし、10〜12分、蒸し煮にする。
3 残りのブイヨンを加え、塩で味を調える。

●

P.120〜121
常備野菜その2 にんじんを見直す

にんじんの塩スープ
【P.120右上】

材料(2人分)
にんじん　1本
オリーブオイル　大さじ1
塩　適量

作り方
1 にんじんは8mm厚さの輪切りにする。
2 鍋に、にんじん、オリーブオイル、塩小さじ½、水100mℓを入れて中火にかけ、ふたをして10〜15分煮る。途中ふたを開け、水が少なくなっていたら補う。
3 にんじんが柔らかくなったら、水250mℓをさらに加え、塩で味を調える。

●

にんじんとひよこ豆のスープ
【P.120右下】

材料(2人分)
にんじん　½本
たまねぎ　¼個
ひよこ豆水煮　150g
オリーブオイル、塩、クミン(パウダー)
各適量

作り方
1 にんじんは1cm角に切り、たまねぎはみじん切りにする。
2 鍋に少量のオリーブオイルを熱し、たまねぎを中火で1分炒め、にんじんを加えて混ぜ、水50mℓ、塩小さじ½を加えてふたをし、3分蒸し煮にする。
3 ひよこ豆水煮、水500mℓを加え、15分煮込む。塩で味を調え、クミンをふる。

●

にんじんとオレンジのスープ
【P.120左上】

材料(2人分)
にんじん　1本
オレンジ　1個
塩　小さじ⅓

作り方
1 にんじんは4cm長さの拍子木に切る(皮やヘタも取っておく)。オレンジは、半分は果汁を搾って大さじ1計量し、残りは薄皮までむいて果肉を取り出す。

豚バラ肉とキャベツのカレーポトフ
【P.119左上】

材料(4人分)
豚バラ肉(塊)　400g
キャベツ　½個
たまねぎ　½個
パセリ　2枝
サラダ油　大さじ1
カレー粉　大さじ1½
塩、胡椒　各適量

作り方
1 豚バラ肉に塩大さじ3をすり込んで1日置き、さっと洗って角切りにする。キャベツはくし形に切る(4等分に切る)。たまねぎは薄切りにする。
2 フライパンにサラダ油を熱し、肉を焦げ目が付くまで焼く。
3 鍋にたまねぎを敷き詰め、肉とキャベツをのせ、塩小さじ1、ひたひたの水を加えて中火にかける。煮立ったらアクを取り除き、ふたをして弱火にし、1時間ほど煮込む。
4 カレー粉を加え、パセリをみじん切りにして加える。塩で味を調え、胡椒をふる。

●

キャベツと桜えびのミルクスープ
【P.119右下】

材料(2人分)
キャベツの葉　2枚
たまねぎ　¼個
生桜えび　30g
牛乳　50mℓ
バター　10g
塩、胡椒　各適量

作り方
1 キャベツの葉は手でちぎる。たまねぎは薄切りにする。
2 鍋にバターを熱し、たまねぎ、キャベツを順に入れて軽く炒め、水50mℓ、塩ひとつまみを加え、ふたをして蒸し煮にする。
3 キャベツが柔らかくなったら生桜えび、水300mℓ、牛乳を加えて温める。塩で味を調え、胡椒をふる。

●

焼きじゃがいものスープ
【P.122右下】

材料(2人分)
じゃがいも(インカのめざめ)　2個
だし　300mℓ
オリーブオイル　大さじ1
片栗粉　小さじ½
醤油、三つ葉　各適量

作り方
1 じゃがいもは芽や変色部分があれば取り除き、皮をよく洗って8mm厚さに切る。
2 フライパンにオリーブオイルを熱し、じゃがいもの両面に焦げ目が付くまで弱火で焼く。片栗粉は水小さじ½で溶く。
3 鍋にだしを入れて中火にかけ、じゃがいもを加え、煮立ったら8分ほど加熱する。醤油で味を調え、水溶き片栗粉を加えながら混ぜる。三つ葉を粗く刻んでちらす。

にんじん、あんず、オレンジのポタージュ
【P.121左下】

材料(2〜3人分)
にんじん　2本
干しあんず　3個
オレンジ　1個
バター　10g
はちみつ　大さじ1

作り方
1 干しあんずは大さじ3のぬるい湯に浸して戻す。にんじんは一口大の乱切りにする。オレンジは飾り用に果肉を少量取り分け、残りは果汁を搾って大さじ2計量する。
2 にんじん、あんずは蒸し器で15分ほど蒸す。鍋に入れて水100mℓを加え、ハンドブレンダーをかける。
3 バター、はちみつ、オレンジ果汁を加えて混ぜ、水を少しずつ加えて好みの濃度にする。器に盛り、オレンジの果肉を飾る。

にんじんとかぼちゃの和風ポタージュ
【P.121右下】

材料(2人分)
かぼちゃ　⅛個(約200g)
にんじん　½本
だし　計300mℓ
醤油　小さじ2
塩、白ごま　各適量

作り方
1 かぼちゃ、にんじんは薄切りにする(皮はむく)。
2 鍋にかぼちゃ、にんじん、だし200mℓ、塩ひとつまみを入れてふたをし、にんじんが柔らかくなるまで蒸し煮にする。だし100mℓをさらに加え、ハンドブレンダーをかける。
3 醤油を加え、残りのだしを加える(だしは味を見ながら少しずつ加え、全量を使わなくてもよい)。器に盛り、白ごまをふる。

ハーブ入りじゃがいもポタージュ
【P.122左上】

材料　(2人分)
じゃがいも　2個
長ねぎ　½本
牛乳　約100mℓ
オリーブオイル　大さじ1
ディルの葉、塩、胡椒　適量

作り方
1 じゃがいもは8mm厚さに切り、水にさらしてざるに上げる。長ねぎはみじん切りにする。
2 鍋にオリーブオイルを熱し、長ねぎを焦がさないように炒め、じゃがいもを加えてさらに炒める。水200mℓを加えてふたをし、蒸し煮にする。
3 じゃがいもが柔らかくなったら、ディルの葉10gを加え、ハンドブレンダーをかける。牛乳を少しずつ加えて混ぜ、塩で味を調えて胡椒をふる。器に盛り、ディルの葉をのせる。

P.122〜123
常備野菜その3 おいもに感謝する

じゃがいものミルク煮スープ
【P.122右上】

材料(2人分)
じゃがいも　2個
たまねぎ　¼個
ハム　30g
牛乳　100mℓ
バター　10g
塩　小さじ⅓
胡椒　適量

作り方
1 じゃがいもは半分に切ってから8mm〜1cm厚さに切る。たまねぎは薄切りにし、ハムは約5mm角に切る。
2 鍋にたまねぎ、水大さじ1を入れて中火にかける。ふたをして1分ほど蒸し煮にし、ふたを開けて水分を飛ばす。
3 じゃがいも、ハム、バター、水100mℓ、牛乳、塩を加え、煮立ったら弱火にしてふきこぼれないように8分ほど、じゃがいもが柔らかくなるまで煮る。胡椒をふる。

にんじんポタージュ
【P.121左上】

材料(2〜3人分)
にんじん　2本
オリーブオイル 大さじ2
塩　適量

作り方
1 にんじんは7mmの薄切りにする。
2 鍋にオリーブオイルを熱し、にんじんを中火で10分ほど炒める(途中、焦げ付きそうになったら水を少量加える)。水200mℓと塩小さじ½を加え、ふたをして10分ほど煮る。水をさらに200mℓ加えてハンドブレンダーをかける。水を少しずつ加えて好みの濃度にし、塩で味を調える。器に盛り、好みでにんじんの葉(分量外)を飾る。

さつまいもとじゃがいものミルクポタージュ
【P.123左下】

材料(2人分)
さつまいも　⅔本(約200g)
じゃがいも　1個
長ねぎ　½本
牛乳　100㎖
サラダ油、塩　各適量

作り方
1 さつまいもは皮つきのまま、じゃがいもは皮をむき、飾り用に5㎜厚さの輪切りを1枚ずつ作って取り分ける。残りのさつまいもは皮をむき、残りのじゃがいもとともに薄切りにする。長ねぎは小口切りにする。
2 鍋にサラダ油を熱し、長ねぎを色付かないように炒め、薄切りにしたさつまいもとじゃがいもを加えてさらに炒め、水300㎖、塩小さじ½を加えてふたをし、10分蒸し煮にする。ハンドブレンダーをかけ、牛乳を加えて温め、塩で味を調える。
3 飾り用のじゃがいも、さつまいもは、5㎜角に切って電子レンジで1分ほど加熱し、器に盛った**2**にのせる。

長いもと梅干しのお吸い物
【P.123右下】

材料(2人分)
長いも　5㎝
梅干し　2個
だし　400㎖
塩　小さじ⅓
かいわれだいこん　適量

作り方
1 長いもは皮をむき、薄切りにする。
2 だし、梅干しを鍋に入れて中火にかけ、長いも、塩を加えて弱火で5分ほど煮る。
3 器に盛り、かいわれだいこんを根を切ってのせる。

かぼちゃ、にんじん、さつまいものコンソメ
【P.123左上】

材料(2人分)
かぼちゃ　⅙個(200g)
にんじん　½本
さつまいも　½本(約150g)
ブイヨン(P.132)　計400㎖
塩　適量

作り方
1 かぼちゃ、さつまいもは皮つきのまま、にんじんは皮をむき、4㎝長さで太めの拍子木に切る。
2 鍋ににんじん、ブイヨン50㎖、塩小さじ½を加えてふたをし、5分ほど蒸し煮にする。さつまいも、かぼちゃを加え、再びふたをして10分加熱する。
3 残りのブイヨンを加えて温め、塩で味を調える。

千切りじゃがいもの黒ごまスープ
【P.122左下】

材料(2人分)
じゃがいも(メークイン)　2個
黒すりごま　大さじ1
だし　400㎖
塩 小さじ⅓
醤油　適量

作り方
1 じゃがいもは千切りにし、水にさらしてざるに上げる。
2 鍋にだしを入れて中火にかけ、塩を加える。煮立ったらじゃがいもを加え、2分ほどさっと煮る。
3 黒すりごまを加え、醤油で味を調える。

里いもと長ねぎのポタージュ
【P.123右上】

材料(2人分)
里いも　6個
長ねぎ　1本
バター　20g
塩　小さじ½
塩昆布　適宜

作り方
1 里いもは7㎜厚さの薄切りにし、水にさらしてざるに上げる。長ねぎは小口切りにする。
2 鍋にバター、長ねぎを入れて弱火にかけ、焦げ付かないように炒める。里いもを加えて混ぜ、水200㎖、塩を加えてふたをし、10分ほど煮込む。里いもが柔らかくなったら、ハンドブレンダーをかける。
3 温めながら水を少しずつ加えて好みの濃度にする。器に盛り、好みで塩昆布を浮かべる。

おわりに

大きなお鍋に具だくさん。野菜のたっぷり入ったにぎやかなスープみたいな楽しい本が、できました。

料理人ではない私が料理本を出す。それだけに本当に多くの方にご協力いただきました。デザインはこの人と思った齋藤雄介さん。私のわがままな注文を満たしつつ、素敵な写真を撮ってくれた佳川奈央さん。年下なのにお姉さんのようなやさしさと力強さで伴走してくれた編集の田上理香子さん。そして、スープ・ラボなど、このスー

プの活動そのものを支援し続けてくれた、サカタカツミさん。この4人には特にお世話になりました。

皆さまをお招きして、スープの会でも開きましょうか。できたてのスープを手渡しながら、感謝の気持ちを伝えます。スープの鍋が空になるまで、きっと楽しいおしゃべりが続くはず。

家族のための小さな鍋。みんなのための大きな鍋。〝あったかいスープ〟のある幸せはどこでもいつでも同じです。親しい人と食卓を楽しく囲む幸せに、この本がほんの少しでも役立ったとしたら、とても嬉しく思います。

著者

有賀 薫(ありが・かおる)

1964年生まれ、東京都出身。ライター、スープ作家。ライター業のかたわら、2011年12月、家族を朝起こすためにスープを作りはじめる。家族が起きるようになったあともスープ作りは毎朝続き、2016年2月時点で1500日以上に。その写真やレシピを披露する個展の他、2014年よりスープの実験イベント「スープ・ラボ」を主宰。ウェブや雑誌で活躍中。

https://note.mu/kaorun

撮影
有賀 薫、佳川奈央

イラストレーション
有賀 薫

企画協力
サカタカツミ

ブックデザイン
齋藤雄介(blue vespa)

編集
田上理香子(SBクリエイティブ株式会社)

365日のめざましスープ

2016年3月30日　初版第1刷発行
2018年1月11日　初版第5刷発行

著者 有賀 薫
発行者 小川 淳
発行所 SBクリエイティブ株式会社
〒106-0032　東京都港区六本木2-4-5
電話 03-5549-1201(営業部)
印刷・製本 萩原印刷株式会社

落丁本、乱丁本は小社営業部にてお取りかえいたします。
定価はカバーに記載しています。

©2016 Kaoru Ariga / SB Creative
Printed in Japan
ISBN 978-4-7973-8704-9